电力建筑企业税务指导手册

李南萍 主编

中国财经出版传媒集团
中国财政经济出版社

图书在版编目（CIP）数据

电力建筑企业税务指导手册／李南萍主编．－－北京：中国财政经济出版社，2021.6
ISBN 978－7－5223－0249－2

Ⅰ.①电… Ⅱ.①李… Ⅲ.①电力工业－工业企业－税收管理－中国－手册②建筑企业－税收管理－中国－手册 Ⅳ.①F812.423－62

中国版本图书馆 CIP 数据核字（2020）第 261706 号

责任编辑：陈志伟　　　　　　责任印制：史大鹏
封面设计：卜建辰　　　　　　责任校对：徐艳丽

电力建筑企业税务指导手册
DIANLI JIANZHU QIYE SHUIWU ZHIDAO SHOUCE
中国财政经济出版社 出版
URL：http：//www.cfeph.cn
E－mail：cfeph@cfeph.cn
（版权所有　翻印必究）
社址：北京市海淀区阜成路甲 28 号　邮政编码：100142
营销中心电话：010－88191522
天猫网店：中国财政经济出版社旗舰店
网址：https：//zgczjjcbs.tmall.com
北京密兴印刷有限公司印刷　各地新华书店经销
成品尺寸：170mm×240mm　16 开　13.5 印张　226 000 字
2021 年 6 月第 1 版　2021 年 6 月北京第 1 次印刷
定价：60.00 元
ISBN 978－7－5223－0249－2
（图书出现印装问题，本社负责调换，电话：010－88190548）
本社质量投诉电话：010－88190744
打击盗版举报热线：010－88191661　QQ：2242791300

编委会名单

主　　编： 李南萍
副 主 编： 曹　爽　陈文斐
编委成员： 张诗云　朱　胜　陈国强　彭香林
　　　　　　 徐　梅　胡倚翰　叶婉励　张铭锴
　　　　　　 周婷婷　高晓佳

前　言

当前，税务工作已成为生产经营中的重要一环，深深地嵌入了电力建筑企业的各个环节。同时随着电力体制改革持续推进，"放管服"改革全面开展，"营改增"、减税降费、个人所得税等财税政策频繁更新出台，"金三"系统上线后，征收征管要求不断提高，对财务工作者提出了更高的要求。为了帮助夯实电力建筑企业税务工作基础，推动电力建筑企业管理水平持续提升，提高依法治企水平，助推新时代转型发展的要求，笔者组织编写了《电力建筑企业税务指导手册》一书，以助企业财务人员的一臂之力。

本手册从基本税务篇、税收优惠篇、税收风险篇三个角度进行梳理及阐述，梳理电力建筑企业各涉税事项，阐述涉税基本概念、电力建筑企业特有涉税事项、涉税处理要点及注意事项等。第一部分为基本税务篇，涉及增值税、企业所得税、个人所得税、印花税、房产税、城镇土地使用税、土地增值税、契税及税费，主要介绍各税种基本概念及涉税处理，电力建筑企业特有涉税事项处理，以及电力建筑企业日常财务处理过程中需关注的涉税事项。第二部分为税收优惠篇，主要介绍电力建筑企业现有业务过程中涉及的税收优惠事项，从优惠事项基本概念、享受条件、备案资料、公司流程、政策依据等五个方面进行详细描述和剖析。第三部分为税收风险篇，通过案例分析的形式来介绍电力建筑企业实务中存在的税收风险，并进一步提出风险的控制方法。

本书在编写过程中，相关部门和单位给予了大力支持和配合，在此一并表示诚挚的谢意。囿于编者的学识和水平，书中难免存在疏漏和不足，敬请广大读者批评指正。

李南萍

2021 年 3 月

目 录

基本税务篇

一、增值税 ··· 3
  （一）基本概念 ··· 3
    1. 概念 ··· 3
    2. 征税范围及税率 ··· 3
    3. 计税方法 ··· 8
  （二）发票管理 ·· 11
    1. 取得发票的基本要求 ·· 11
    2. 发票查验平台 ··· 14
    3. 发票认证 ·· 14
    4. 发票开具 ·· 15
  （三）电力建筑企业涉税业务介绍 ································· 16
    1. 电力建筑企业各类业务介绍 ································· 16
    2. 电力建筑企业各类涉税业务税率 ··························· 19
    3. 电力建筑企业各类涉税业务计税方法 ······················ 19
    4. 电力建筑企业需进项税额转出的几种情形 ················· 20
  （四）电力建筑企业主营业务介绍 ································· 22
    1. 基建及技改工程增值税全流程 ······························ 22

  2. EPC 总承包项目涉税事项 ·· 23
 （五）电力建筑企业增值税外地预缴 ·· 23
  1. 适用项目范围 ·· 23
  2. 外地预缴流程 ·· 24
  3. 外地预缴需准备资料 ·· 25
  4. 外地预缴需注意的事项 ·· 25
 （六）注意事项 ·· 26
  1. 合同签订的涉税注意事项 ·· 26
  2. 简易计税项目进项税额转出问题 ·· 27
  3. 应对税率变化 ·· 27
  4. 不动产租赁/出售税款缴纳要求 ··· 28
  5. 政策处理费（青苗赔偿、三跨改造、房屋拆迁以及自身被
   赔偿）的入账依据 ·· 29
  6. 资产划转增值税处理 ·· 29
  7. 企业为聘用的员工提供服务增值税处理 ···································· 30
  8. 预缴台账 ·· 30
  9. 内部授权或者三方协议等方式，授权集团内其他纳税人提供
   建筑服务 ·· 30
  10. 特殊事项 ·· 31

二、企业所得税 ·· 32
 （一）基本概念 ·· 32
  1. 概念 ·· 32
  2. 税率 ·· 32
  3. 应纳税所得额 ·· 32
 （二）企业重组所得税处理 ·· 35
  1. 特殊性税务处理 ·· 35
  2. 一般性税务处理 ·· 36
  3. 备案处理 ·· 36
  4. 其他事项 ·· 37
 （三）电力建筑企业企业所得税外地预缴 ···································· 37
  1. 外地预缴规定 ·· 37

  2. 企业所得税月（季）度预缴纳税申报表填列 …………… 37

  3. 企业所得税年度纳税申报表填列 ………………………… 38

 （四）电力建筑企业注意事项 ……………………………………… 38

  1. 研发费用注意事项 ………………………………………… 38

  2. 完工百分比法确认收入 …………………………………… 39

  3. 应资本化的费用 …………………………………………… 40

  4. 资产折旧年限 ……………………………………………… 41

  5. 跨期费用处理 ……………………………………………… 41

  6. 资产划转所得税处理 ……………………………………… 42

三、印花税 …………………………………………………………………… 43

 （一）基本概念 ……………………………………………………… 43

  1. 概念 ………………………………………………………… 43

  2. 征税范围及税率 …………………………………………… 43

 （二）印花税计税流程 ……………………………………………… 44

  1. 目前系统内企业合同都为经法系统线上合同 …………… 44

  2. 财务部根据办公室提供的合同清单按以下模板计算当月

   印花税 ……………………………………………………… 45

  3. 月末，财务部根据计算出的印花税进行账务处理 ……… 45

 （三）印花税申报流程 ……………………………………………… 45

 （四）电力建筑企业注意事项 ……………………………………… 47

四、房产税 …………………………………………………………………… 48

 （一）基本概念 ……………………………………………………… 48

  1. 概念 ………………………………………………………… 48

  2. 纳税义务人 ………………………………………………… 48

  3. 计税依据及税率 …………………………………………… 48

  4. 纳税义务发生时间及地点 ………………………………… 48

 （二）房产税申报流程 ……………………………………………… 49

 （三）电力建筑企业注意事项 ……………………………………… 50

  1. 自用与出租房产的分割方法 ……………………………… 50

  2. 房屋租赁与场地租赁的区别 ……………………………… 51

  3. 出租、出借房屋处理 ……………………………………… 51

　　　　4. 附属设施房产税 …………………………………………………… 51
　　　　5. 无租使用/免租期房产房产税 …………………………………… 51
　　　　6. 土地价值并入缴纳房产税 ……………………………………… 52
　　　　7. 产权不确定房屋房产税 ………………………………………… 52
　　　　8. 企业重组产权变更房产税 ……………………………………… 52
　　　　9. 无证房屋房产税 ………………………………………………… 52
　　　　10. 行政区划变更导致房产税税收风险 ………………………… 53

五、城镇土地使用税 ………………………………………………………… 54
　（一）基本概念 …………………………………………………………… 54
　　　1. 概念 ………………………………………………………………… 54
　　　2. 纳税义务人 ………………………………………………………… 54
　　　3. 计税依据及税率 …………………………………………………… 54
　（二）城镇土地使用税申报流程 ………………………………………… 54
　（三）电力建筑企业注意事项 …………………………………………… 55
　　　1. 无证土地的土地使用税 …………………………………………… 55
　　　2. 产权不确定土地的土地使用税 …………………………………… 55
　　　3. 地下建筑用地土地使用税 ………………………………………… 55
　　　4. 企业重组产权变更土地使用税 …………………………………… 56
　　　5. 行政区划变更导致原先无须缴纳土地现在需要缴纳 ………… 56
　　　6. 产权证变更导致土地面积发生变化 ……………………………… 56

六、车船税 ……………………………………………………………………… 57
　（一）基本概念 …………………………………………………………… 57
　　　1. 概念 ………………………………………………………………… 57
　　　2. 计税依据及税率 …………………………………………………… 57
　　　3. 纳税义务发生时间及地点 ………………………………………… 58
　　　4. 扣缴义务人 ………………………………………………………… 58
　（二）车船税报销流程 …………………………………………………… 58

七、个人所得税 ………………………………………………………………… 60
　（一）基本概念 …………………………………………………………… 60
　　　1. 概念 ………………………………………………………………… 60
　　　2. 征税范围及税率 …………………………………………………… 60

3. 专项扣除 ·· 60
4. 扣缴义务人 ·· 61
(二) 个税申报流程 ·· 61
1. 代扣代缴 ·· 61
2. 外埠预缴（所需准备资料、办理流程等）······························ 62
(三) 几种特殊情形个税申报 ··· 62
1. 全年一次性奖金 ··· 62
2. 对个人因解除劳动合同取得经济补偿金 ······························· 64
3. 从两处以上取得综合所得收入 ·· 64
4. 提前退休取得补贴收入 ·· 65
(四) 现行申报模式产生汇算清缴的几种情况 ·································· 66
(五) 不实行个税汇算清缴后果 ·· 66
1. 未及时申报的 ·· 66
2. 造成税款流失 ·· 66
3. 少缴或者不缴纳个人所得税的行政法律责任与刑事法律责任 ······ 66
4. 个税专项附加扣除及APP操作指南详见附录二 ······················ 67

八 土地增值税 ·· 68
(一) 基本概念 ··· 68
1. 概念 ·· 68
2. 计税依据及税率 ··· 68
3. 纳税义务发生时间及地点 ··· 68
(二) 电力建筑企业存量房转让业务 ·· 68
1. 收入确认 ·· 68
2. 扣除项目确定 ·· 69
3. 应纳税额计算 ·· 69
(三) 企业改制重组土地增值税 ·· 69
1. 合并/分立 ·· 69
2. 资产划转 ·· 70

九 契税 ·· 71
(一) 基本概念 ··· 71
1. 概念 ·· 71

2. 计税依据及税率 …………………………………………… 71
3. 纳税义务发生时间及地点 ………………………………… 71
（二）企业改制重组土地增值税 ………………………………… 72

税 收 优 惠 篇

一、增值税 ……………………………………………………………… 75
 1. 集团内单位之间的资金无偿借贷免征增值税 ……………… 75
 2. 统借统还业务取得的利息收入免征增值税 ………………… 75
 3. 招用退役士兵扣减增值税优惠 ……………………………… 76
 4. 符合条件的企业资产重组不征收增值税 …………………… 78
 5. 扶贫货物捐赠免征增值税 …………………………………… 79
 6. 已使用固定资产减征增值税 ………………………………… 80
二、企业所得税 ………………………………………………………… 81
 1. 残疾人工资加计扣除 ………………………………………… 81
 2. 研发费用加计扣除 …………………………………………… 82
 3. 购置环境保护、节能节水和安全生产专用设备可以抵免企业
  所得税 ………………………………………………………… 84
 4. 高新技术企业优惠 …………………………………………… 86
 5. 500 万元以下资产一次性扣除 ……………………………… 87
 6. 债务重组、股权收购、资产收购、合并、分立、资产（股权）
  划转等重组行为特殊性税务处理 …………………………… 88
 7. 政策性搬迁 …………………………………………………… 90
 8. 符合规定的居民企业之间的股息、红利等权益性投资收益
  免征企业所得税 ……………………………………………… 91
 9. 以非货币性资产对外投资确认的非货币性资产转让所得分期
  缴纳企业所得税 ……………………………………………… 92
三、印花税 ……………………………………………………………… 94
 1. 资金账簿印花税 ……………………………………………… 94
 2. 改制重组印花税 ……………………………………………… 94

四、车船税 ·· 95
  新能源汽车车船税减免 ·· 95

五、个人所得税 ·· 96
  1. 通讯费补贴 ·· 96
  2. 生活补助、救济金 ·· 96
  3. 差旅费津贴、误餐补助 ·· 97

六、土地增值税 ·· 98
  企业改制土地增值税 ·· 98

七、契税 ·· 100
  企业改制契税 ·· 100

八、车辆购置税 ·· 102
  企业购置的新能源汽车免征车辆购置税 ······························ 102

税收风险篇

一、取得发票不规范的风险 ·· 105
二、取得未按照经济业务具体类型选用适用的税率的发票的风险 ······ 107
三、基建技改工程分包结算滞后的风险 ····································· 109
四、研发费用加计扣除享受风险 ·· 111
五、增值税电子普通发票（汽车票）客户名称为本人名字，非公司名称 ··· 115
六、完工百分比法确认收入 ·· 116
七、报废资产未及时处理仍计提折旧 ··· 118
八、资本化费用（软件、系统、设备）一次性计入费用 ················ 120
九、大修支出一次性计入费用 ··· 122
十、发票遗失风险 ·· 124
十一、租入资产装修/改造费一次性计入费用扣除 ······················· 126
十二、无土地证的房屋未缴纳城镇土地使用税 ···························· 128
十三、线下合同未及时反馈至财务部导致少缴印花税 ··················· 130
十四、跨期支出一次性计入成本 ·· 131
十五、关联方交易风险 ·· 133

十六、食堂对外经营收入（搭伙费）的风险 ·· 135

十七、对外赠送宣传用品风险 ·· 136

十八、政策性搬迁收入未备案风险 ·· 138

十九、关联方房租收入偏低风险 ·· 140

二十、行政区划变更房产税、土地使用税风险 ·· 142

二十一、换证未及时变更信息导致土地使用税风险 ···································· 143

二十二、无偿为员工提供服务 ·· 144

二十三、政策处理费风险 ·· 145

二十四、资产划转风险 ·· 147

二十五、处置使用过的固定资产、废旧物资适用税率有误 ························ 150

二十六、甲供工程认定 ·· 152

二十七、EPC 项目风险 ··· 153

二十八、竣工决算后开具红票外地预缴税款处理 ·· 154

二十九、购进货物、劳务、服务用于简易计税工程未按比例计算进项税额
转出风险 ·· 156

三十、直接发放农民工工资，取得发票税率的风险 ···································· 158

三十一、房产税、土地使用税未到房产、土地所在地缴纳风险 ················ 160

三十二、未及时更新房产、土地台账，导致少缴纳税款风险 ···················· 161

三十三、部分自用、部分出租的房屋房产税缴纳风险 ································ 163

三十四、企业重组过程中涉及产权变更的，未及时办理产权变更手续，导致
少缴房产税、土地使用税风险 ·· 164

三十五、框架合同印花税风险 ·· 166

三十六、工会活动支出直接计入差旅费 ·· 167

附录一：增值税发票综合服务平台发票抵扣指南 ·· 168

附录二：个税专项附加扣除规定及个税 APP 操作指南 ······························ 183

后记 ·· 200

基本税务篇

一、增值税

(一) 基本概念

1. 概念

增值税是以单位和个人在生产经营过程中取得的增值额为课税对象征收的一种税。从计税原理上说,增值税是对商品生产、流通、劳务服务中多个环节的新增价值或商品的附加值征收的一种流转税。实行价外税,也就是由消费者负担。有增值才征税,没增值不征税。比如说,8月A企业从B企业购入混凝土用于甲工程项目建设,总金额100万元,税率为13%,当月开具给C企业甲工程发票总金额150万元,税率为9%,那么A企业应交增值税 = 150 ÷ 1.09 × 0.09 - 100 ÷ 1.13 × 13% = 0.88(万元)。

2. 征税范围及税率

(1) 征税范围。增值税的征税范围包括在境内发生应税销售行为以及进口货物等。发生应税行为同时应具备四个条件:

①应税行为是发生在中华人民共和国境内——境内;

②应税行为是属于《销售服务、无形资产、不动产注释》范围内的业务活动——列举范围;

③应税服务是为他人提供的——经营性活动;

④应税行为是有偿的——有偿性。

具体征税范围详见表1-1。

表1-1

服务	具体项目	具体内容
1. 交通运输业 (9%)	(1) 陆路运输服务	包括铁路运输、公路运输、缆车运输、索道运输及其他陆路运输
	(2) 水路运输服务	远洋运输的程租、期租业务,属于水路运输服务;航空运输的湿租业务,属于航空运输服务
		程租、期租业务:运输工具+操作人员
		有别于光租、干租(只出租运输工具,属于现代服务"租赁",13%)

续表

服务	具体项目	具体内容
1. 交通运输业（9%）	（3）航空运输服务	已售票但客户逾期未消费取得的运输逾期票证收入，需纳税
	（4）管道运输	通过管道输送气体、液体、固体物质的运输服务
	（5）其他	无运输工具承运业务、运输工具舱位承包业务、运输工具舱位互换业务
2. 邮政业（9%）	（1）邮政普遍服务	包括函件、包裹等邮件寄递，以及邮票发行、报刊发行和邮政汇兑等业务活动
	（2）邮政特殊服务	包括义务兵平常信函、机要通信、盲人读物和革命烈士遗物的寄递等业务活动
	（3）其他邮政服务	包括邮册等邮品销售、邮政代理等业务活动
3. 电信业	基础电信服务（9%）	固网、移动网、互联网等
	增值电信服务（6%）	利用固网、移动网、互联网等提供服务；卫星电视信号落地转接服务
4. 建筑业（9%）	（1）工程服务	新建、改建各种建筑物、构筑物的工程作业
		出租建筑设备＋配备操作人员，属此项
		单纯出租建筑设备、工程勘察、建筑设计、工程监理等不属于此项
	（2）安装服务	包括固话、有线电视、宽带、水、电、燃气、暖气等经营者向用户收取的安装费、初装费、开户费、扩容费以及类似收费
	（3）修缮服务	对建筑物进行修补、加固、养护、改善
	（4）装饰服务	包括物业服务企业为业主提供的装修服务
	（5）其他建筑服务	如钻井（打井）、拆除建筑物、平整土地、园林绿化；纳税人将建筑施工设备出租给他人使用并配备操作人员等
5. 金融服务（6%）	（1）贷款服务	各种占用、拆借资金取得的收入，以及融资性售后回租、罚息、票据贴现、转贷等业务取得的利息
		融资租赁属于现代服务业
		以货币资金投资收取的固定利润或者保底利润，按此项征税
		不征收增值税：（1）金融商品持有期间取得的非保本收益（保本收益产品纳税 6%）；（2）纳税人购入基金、信托、理财产品等各类资产管理产品持有至到期（未到期转让，差额纳税 6%）
	（2）直接收费金融服务	包括提供信用卡、基金管理、金融交易场所管理、资金结算、资金清算等
	（3）保险服务	包括人身保险服务和财产保险服务
	（4）金融商品转让	转让外汇、有价证券、非货物期货等的所有权

续表

服务	具体项目	具体内容
6. 现代服务（九项）	（1）研发和技术服务（6%）	包括研发服务、合同能源管理服务、工程勘察勘探服务、专业技术服务（如气象服务等）
	（2）信息技术服务（6%）	包括软件服务、电路设计及测试服务、信息系统服务、业务流程管理服务
	（3）文化创意服务（6%）	包括设计服务、知识产权服务、广告服务和会议展览
		宾馆、旅馆、旅社、度假村和其他经营性住宿场所提供会议场地及配套服务的活动，按照"会议展览服务"缴纳增值税
	（4）物流辅助服务（6%）	包括航空服务、港口码头服务、货运客运场站服务、打捞救助服务、装卸搬运服务、仓储服务、收派服务
	（5）租赁服务（9%或者13%）	形式上：包括融资租赁和经营性租赁
		范围上：包括动产、不动产
		经营性租赁中包含
		①远洋运输的光租业务、航空运输的干租业务
		②将不动产或飞机、车辆等动产的广告位出租给其他单位或个人用于发布广告
		③车辆停放服务、道路通行服务（包括过路费、过桥费、过闸费等）
	（6）鉴证咨询服务（6%）	包括认证服务、鉴证服务和咨询服务
		如技术咨询、会计税务法律鉴证、工程监理、资产评估、环境评估、房地产土地评估、建筑图纸审核、医疗事故鉴定等
	（7）广播影视服务（6%）	包括广播影视节目（作品）的制作服务、发行服务、播映（含放映）服务
	（8）商务辅助服务（6%）	包括企业管理服务、经纪代理服务、人力资源服务（如劳务派遣）、安全保护服务（例如武装守护押运服务）
		如金融代理、知识产权代理、货物运输代理、代理报关、法律代理、房地产中介、婚姻中介、代理记账、翻译、拍卖、拍卖行受托拍卖取得的手续费或佣金收入等
	（9）其他（6%）	如纳税人为客户办理退票而向客户收取的退票费、手续费等收入；纳税人对安装运行后的电梯提供的维护保养服务
7. 生活服务（七项）	（1）文化体育服务	文艺表演、提供游览场所等
		如纳税人在游览场所经营索道、摆渡车、电瓶车、游船等取得的收入
	（2）教育医疗服务	教育服务，是指提供学历教育服务、非学历教育服务、教育辅助服务的业务活动

续表

服务	具体项目	具体内容
7. 生活服务 （6项） （6%）	（3）旅游娱乐服务	旅游：指根据旅游者的要求，组织安排交通、游览、住宿、餐饮、购物、文娱、商务等服务
	（4）餐饮住宿服务	纳税人现场制作食品并直接销售给消费者，按照"餐饮服务"缴纳增值税
	（5）居民日常服务	包括市容市政管理、家政、婚庆、养老、殡葬、护理、美容美发、按摩、桑拿、沐浴、洗染、摄影扩印等服务
	（6）其他	如提供植物养护服务
8. 销售货物及应税劳务	销售货物、加工修理修配劳务（13%/9%/0%）	包括货物及有形动产（包括电力、热力、气体在内）在生产环节、批发环节、零售环节有偿转移所有权；有形动产的加工修理修配
9. 销售无形资产	无形资产所有权转让、使用权转让（6%/9%）	无形资产范围：包括技术、商标、著作权、自然资源使用权和其他权益性无形资产（如公共事业特许权、特许经营权、配额、代理权、会员权、肖像权等）；土地使用权转让税率为9%，技术、商标、著作权等转让税率为6%
10. 销售不动产（9%）	转让不动产所有权的业务活动	包括转让建筑物有限权利或者永久使用权；转让在建的建筑物或者构筑物所有权；转让建筑物或者构筑物时一并转让其所占土地的使用权

（2）满足应税条件但不需要缴纳增值税的情形。

①行政单位收取的同时满足条件的政府性基金或者行政事业性收费——政府财政的非税收入，不属于纳税人；

②存款利息；

③被保险人获得的保险赔付；

④房地产主管部门或者其指定机构、公积金管理中心、开发企业以及物业管理单位代收的住宅专项维修资金；

⑤在资产重组过程中，通过合并、分立、出售、置换等方式，将全部或者部分实物资产以及与其相关联的债权、负债和劳动力一并转让给其他单位和个人，其中涉及的不动产、土地使用权转让行为。

（3）不同时满足应税条件但需要缴纳增值税的情形。

①单位或者个体工商户向其他单位或者个人无偿提供服务，但用于公益事业或者以社会公众为对象的除外；

②单位或者个人向其他单位或者个人无偿转让无形资产或者不动产；但用

于公益事业或者以社会公众为对象的除外；

③财政部和国家税务总局规定的其他情形。

（4）非经营活动的确认。

①行政单位收取的同时满足规定条件的政府性基金或者行政事业性收费；

②单位或者个体工商户聘用的员工为本单位或者雇主提供取得工资的服务——自我服务；

③单位或者个体工商户为聘用的员工提供服务——自我服务；

④财政部和国家税务总局规定的其他情形。

（5）关于境内销售服务的判定。在境内销售服务、无形资产或者不动产，是指：

①服务（租赁不动产除外）或者无形资产（自然资源使用权除外）的销售方或者购买方在境内；

②所销售或者租赁的不动产在境内；

③所销售自然资源使用权的自然资源在境内；

④财政部和国家税务总局规定的其他情形。

下列情形不属于在境内销售服务或者无形资产：

（1）境外单位或者个人向境内单位或者个人销售完全在境外发生的服务。

（2）境外单位或者个人向境内单位或者个人销售完全在境外使用的无形资产。境内的单位和个人作为工程分包方，为施工地点在境外的工程项目提供建筑服务，从境内工程总承包方取得的分包款收入，属于"视同从境外取得收入"。

（3）境外单位或者个人向境内单位或者个人出租完全在境外使用的有形动产。

（4）财政部和国家税务总局规定的其他情形：

①为出境的函件、包裹在境外提供的邮政服务、收派服务；

②向境内单位或者个人提供的工程施工地点在境外的建筑服务、工程监理服务；

③向境内单位或者个人提供的工程、矿产资源在境外的工程勘察勘探服务；

④向境内单位或者个人提供的会议展览地点在境外的会议展览服务。

境外单位或者个人销售的服务（不含租赁不动产）在以下两种情况下属于在我国境内销售服务，应照章缴纳增值税：

①境外单位或者个人向境内单位或者个人销售的完全在境内发生的服务，

属于在境内销售服务。例如，境外某一工程公司到境内给境内某单位提供工程勘察勘探服务。

②境外单位或者个人向境内单位或者个人销售的未完全在境外发生的服务，属于在境内销售服务。例如，境外公司 A 向境内公司 B 转让一项专利技术，该技术同时用于 B 公司在境内和境外的生产线——未完全在境外使用的无形资产。

3. 计税方法

（1）一般计税方法。一般计税方法指的是计算一般纳税人发生应税行为的应纳税额，是指当期销项税额抵扣当期进项税额后的余额。应纳税额计算公式：应纳税额 = 当期销项税额 - 当期进项税额。当期销项税额小于当期进项税额不足抵扣时，其不足部分可以结转下期继续抵扣。

其一，销售额确定：

①一般销售方式下销售额确认。销售额为企业发生应税销售行为收取的全部价款和价外费用，但是不包括收取的销项税额。

销售额中包括价款和价外收入（即价外费用）例如，违约金、滞纳金、赔偿金、延期付款利息、包装费、包装物租金、运输费、装卸费等。会计上无论是否计入"营业收入"，都应并入计税销售额。

②特殊销售方式下销售额确认，详见表 1-2。

表 1-2　　　　　　　　特殊销售方式下销售额确认

销售方式	税务处理
折扣销售（商业折扣）	折扣额可以从销售额中扣减（要求在同一张发票"金额"栏上分别注明）
销售折扣（现金折扣）	折扣额不得从销售额中减除
销售折让	折让额可以从销售额中减除
以旧换新销售	一般货物：按新货同期销售价格确定销售额，不得扣减旧货收购价格，金银首饰可扣减旧货价格
以物易物	双方均作购销处理，以各自发出的货物核算销售额并计算销项税额，以各自收到的货物核算购货额并计算进项税额

③按差额确定销售额，详见表 1-3。

表1-3　　　　　　　　　　按差额确定销售额

项目	销售额	注意事项
金融商品转让	卖出价-买入价	（1）不得扣除买卖交易中的其他税费 （2）转让金融商品出现的正负差，按盈亏相抵后的余额为销售额。若相抵后出现负差，可结转下一纳税期与下期转让金融商品销售额相抵，但年末时仍出现负差的，不得转入下一个会计年度 （3）金融商品转让，不得开具增值税专用发票
客运场站服务（物流辅助）	取得的全部价款和价外费用-支付给承运方运费	/
劳务派遣服务	全部价款和价外费用-代用工单位支付给劳务派遣员工的工资、福利和为其办理社会保险及住房公积金	/
建筑业	取得的全部价款和价外费用-支付的分包款	适用于简易计税，不适用于一般计税
转让不动产	取得的全部价款和价外费用-该项不动产购置原价或取得不动产时的作价	（1）转让营改增前取得、非自建不动产（不含住房），可以选择适用简易计税方法依5%计税。 （2）如因丢失等原因无法提供取得不动产时的发票，可向税务机关提供其他能证明契税计税金额的完税凭证等资料，进行差额扣除

其二，进项税额确认。

①从销售方或者提供方取得的增值税专用发票（含机动车销售统一发票、税务代开增值税专用发票）上注明的增值税额；

②从海关取得的海关进口增值税专用缴款书上注明的增值税额；

③自境外单位或者个人购进劳务、服务、无形资产或者境内的不动产，从税务机关或者扣缴义务人取得的代扣代缴税款的完税凭证上注明的增值税额；

④路桥闸通行费以取得电子普通发票计算抵扣，高速公路通行费按3%税率计算抵扣，一级、二级公路通行费，桥、闸通行费按5%税率计算抵扣；

⑤购进国内旅客运输服务以取得增值税电子普通发票或旅客客运发票计算抵扣。购进国内旅客运输服务可以抵扣，但购买国际旅客运费不得抵扣进项税额（境内单位提供国际运输零税率）。

其三，不得抵扣进项税。

以下项目不得抵扣进项税额，详见表1-4。

表 1-4　　　　　　　　　　　不得抵扣进项税额项目

不得抵扣项目	备注
1. 用于简易计税方法计税项目、免征增值税项目、集体福利或者个人消费的购进货物、劳务、服务、无形资产和不动产	个人消费包括纳税人的交际应酬消费 涉及的固定资产、无形资产、不动产，仅指专用于上述项目的固定资产、无形资产、不动产；发生兼用于上述项目的可以抵扣 纳税人租入固定资产、不动产，兼用于上述项目，其进项税额准予从销项税额中全额抵扣
2. 非正常损失的购进货物，以及相关劳务和交通运输服务	非正常损失货物，指因（1）管理不善造成货物被盗、丢失、霉烂变质；（2）因违反法律法规造成货物被依法没收、销毁的情形。因台风等自然灾害造成的损失不属于非正常损失 非正常损失货物在增值税中不得扣除（因购进时已抵扣，需做进项税额转出处理） 进项税额转出时：（货物＋劳务＋运输服务）整体转出
3. 非正常损失的在产品、产成品所耗用的购进货物、相关劳务和交通运输服务	
4. 非正常损失的不动产，以及该不动产所耗用的购进货物、设计服务和建筑服务	非正常损失指因违反法律法规造成不动产被依法没收、销毁、拆除的情形
5. 非正常损失的不动产在建工程所耗用的购进货物、设计服务和建筑服务	纳税人新建、改建、扩建、修缮、装饰不动产，均属于不动产在建工程 比如因批复问题取消某一项目
6. 购进的贷款服务餐饮服务、居民日常服务、娱乐服务	贷款服务中向贷款方支付的与该笔贷款直接相关的投融资顾问费、手续费、咨询费等费用，其进项税额不得从销项税额中抵扣 住宿服务和旅游服务未列入，可抵扣

其四，进项税额转出。

①可区分进项税额。可区分不得抵扣项目进项税额的，按照已抵扣的进项税金额转出。

②不可区分进项税额。

不得抵扣的进项税额＝无法划分的全部进项税额×（当期简易计税方法计税项目销售额＋免税增值税项目销售额）÷当期全部销售额

简易计税方法：

小规模纳税人发生应税销售行为适用简易计税方法计税，简易计税方法的公式是：

当期应纳增值税额＝当期销售额（不含增值税）×征收率

一般纳税人发生财政部和国家税务总局规定的特定应税销售行为，也可以选择适用简易计税方法计税,但是不得抵扣进项税额。比如自产建筑用和生产建筑材料所用的砂、土、石料,以清包工方式提供的建筑服务等。

(2) 简易计税方法。小规模纳税人发生应税销售行为适用简易计税方法计税,简易计税方法的公式是:

当期应纳增值税额 = 当期销售额(不含增值税) × 征收率

一般纳税人发生财政部和国家税务总局规定的特定应税销售行为,也可以选择适用简易计税方法计税,但是不得抵扣进项税额。比如自产建筑用和生产建筑材料所用的砂、土、石料,以清包工方式提供的建筑服务等。

(3) 扣缴计税方法。境外的单位或者个人在境内销售劳务,在境内未设有经营机构的,以其境内代理人为扣缴义务人;在境内没有代理人的,以购买方为扣缴义务人。扣缴义务人按照下列公式计算应扣缴税额:

应扣缴税额 = 接受方支付的价款 ÷ (1 + 税率) × 税率。

(二) 发票管理

各级单位业务部门取得填写不规范等不符合规定的发票,应当及时退回,不得作为财务报销凭证,同时财务部门有权拒收不符合规定的发票。各级单位业务部门在购买货物及应税劳务、服务等经营活动支付款项的,应向销售方索取增值税专用发票(如图 1 - 1 所示,包含第二联:抵扣联和第三联:发票联。按税法规定无法取得增值税专用发票的除外。

1. 取得发票的基本要求

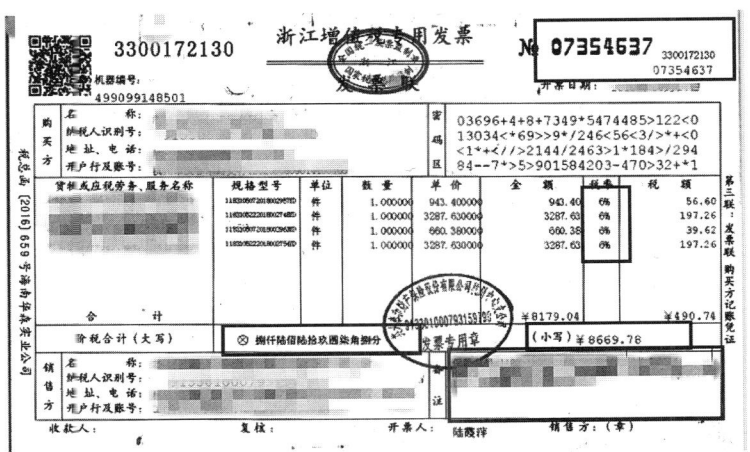

图 1 - 1　增值税专用发票样本

(1) 发票号码核对。右上角 NO.07354637 与打印的 07354637 保持一致的即为符合要求的发票。

(2) 购买方相关信息。在取得发票时核对左上角购买方名称、纳税人识别号、地址、电话、开户行及账号：不得有错字、少字、多字，尤其是购买方名称与纳税人识别号。

(3) 金额、税率核对。发票上价税合计的数据与结算金额核对一致：如发票样本中的大写或小写 61 万与所需结算金额保持一致。核对发票税率是否与合同里规定的税率保持一致。

(4) 备注栏注意事项。

其一，建筑服务。

取得建筑服务发票（包含纳税人自行开具或者税务机关代开增值税发票）时，应关注发票的备注栏是否注明建筑服务发生地县（市、区）名称及项目名称，如图 1-2 所示。

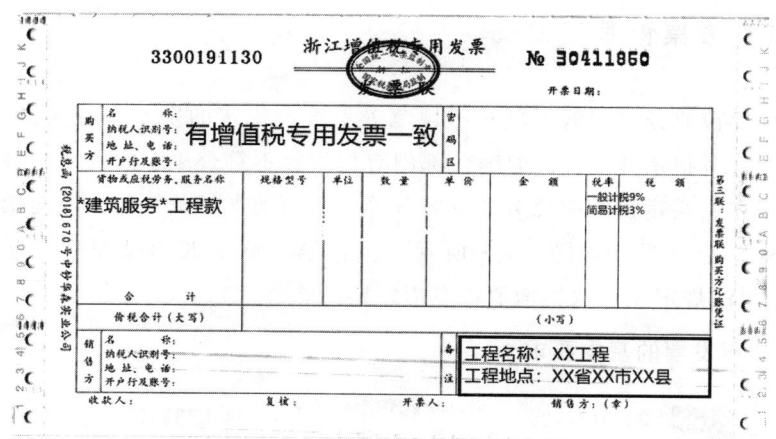

图 1-2　分包发票样本

其二，房屋租赁发票。

取得租房发票（包含纳税人自行开具或者税务机关代开增值税发票）时，需要关注备注栏是否注明不动产的详细地址，同时如果是税务局为其他个人代开发票还要关注备注栏是否已经填写出租不动产纳税人的名称、纳税人识别号、身份证号，如图 1-3 所示。

其三，提供货物运输服务。备注栏关注是否填写起运地、到达地、车种车号以及运输货物信息等内容，如内容较多可另附清单，如图 1-4 和表 1-5 所示。

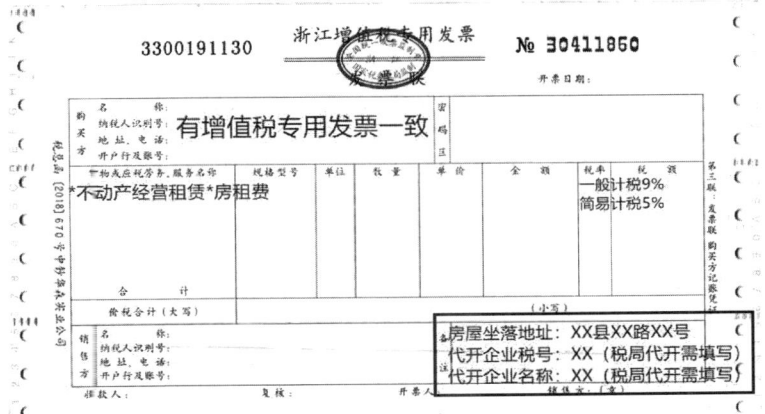

图 1-3　租房发票样本

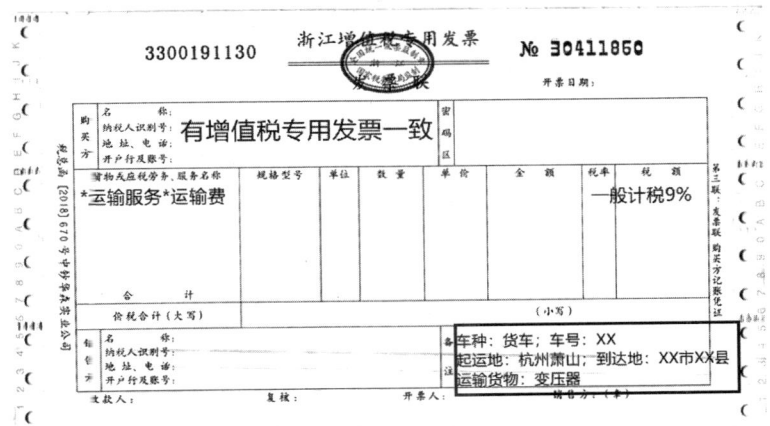

图 1-4　货物运输发票样本

表 1-5　　　　　　　　　运输费清单样本

2020 年××月运输费结算清单				
起运点	到达地	车辆吨位	货物名称	车牌
××县××仓库	××县××仓库	10 吨卡车	废变压器等	浙A×××××

其四，保险公司代收车船税。在增值税发票备注栏中关注是否注明代收车船税款信息，具体包括保险单号、税款所属期（详细至月）、代收车船税金额、滞纳金金额、金额合计等，如图 1-5 所示。

其五，购置不动产。关注备注栏是否注明不动产的详细地址，如图 1-6 所示。

图 1-5　车辆保险发票样本

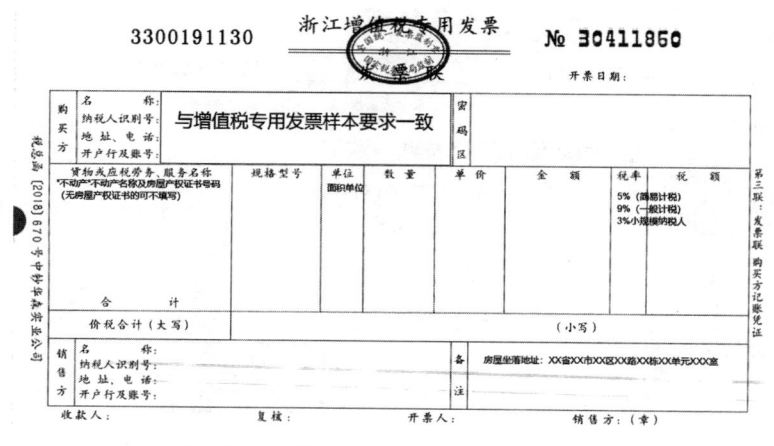

图 1-6　不动产发票样本

2. 发票查验平台

在取得发票时，应验证取得发票的真伪，可登陆国家税务总局全国增值税发票查验平台（https://inv-veri.chinatax.gov.cn/）进行查验，该系统可对增值税发票管理系统开具的增值税专用发票、增值税普通发票、机动车销售统一发票和增值税电子普通发票的发票信息进行查验。该系统可查验最近 1 年内新系统开具的发票，当日开具发票最快可于次日进行查验，每份发票每天最多可查验 5 次。

3. 发票认证

（1）扫描认证。取得增值税发票后，可以通过扫描仪进行远程扫描认证，扫描认证结果确认后系统会自动将税额上传至电子税务局，申报表会自动跳转进项税金额。

（2）勾选认证。取得增值税发票后也可以通过增值税发票综合服务平台查询、选择用于申报抵扣的增值税发票并进行勾选认证、抵扣。具体操作方法详见附录一。

4. 发票开具

（1）增值税收入确认时间。根据《增值税暂行条例》第十九条、《增值税暂行条例实施细则》第三十八条的规定，发生应税销售行为，为收讫销售款项或者取得索取销售款项凭据的当天；先开具发票的，为开具发票的当天。按照销售结算方式的不同，具体分为：

①采取直接收款方式销售货物，不论货物是否发出，均为收到销售款或者取得索取销售款凭据的当天；

②采取托收承付和委托银行收款方式销售货物，为发出货物并办妥托收手续的当天；

③采取赊销和分期收款方式销售货物，为书面合同约定的收款日期的当天。无书面合同的或者书面合同没有约定收款日期的，为货物发出的当天；

④采取预收货款方式销售货物，为货物发出的当天，但生产销售生产工期超过 12 个月的大型机械设备、船舶、飞机等货物，为收到预收款或者书面合同约定的收款日期的当天；

⑤委托其他纳税人代销货物，为收到代销单位的代销清单或者收到全部或者部分货款的当天。未收到代销清单及货款的，为发出代销货物满 180 天的当天；

⑥销售应税劳务，为提供劳务同时收讫销售款或者取得索取销售款的凭据的当天；

⑦纳税人发生《增值税暂行条例实施细则》第四条第（三）项至第（八）项所列视同销售货物行为，为货物移送的当天。

根据《营业税改征增值税试点有关事项的规定》（财税〔2016〕36 号）附件 1 第四十五条、《财政部　国家税务总局关于建筑服务等营改增试点政策的通知》（财税〔2017〕58 号）第二条的规定，增值税纳税义务、扣缴义务发生时间为：

①纳税人发生应税行为并收讫销售款项或者取得索取销售款项凭据的当天；先开具发票的，为开具发票的当天。

收讫销售款项，是指纳税人销售服务、无形资产、不动产过程中或者完成后收到款项。取得索取销售款项凭据的当天，是指书面合同确定的付款日期；未签订书面合同或者书面合同未确定付款日期的，为服务、无形资产转让完成的当天或者不动产权属变更的当天。

②纳税人提供租赁服务采取预收款方式的，其纳税义务发生时间为收到预收款的当天。

③纳税人从事金融商品转让的，为金融商品所有权转移的当天。

④纳税人发生《营业税改增值税试点有关事项的规定》第十四条规定情形（视同销售服务、无形资产或者不动产）的，其纳税义务发生时间为服务、无形资产转让完成的当天或者不动产权属变更的当天。

⑤增值税扣缴义务发生时间为纳税人增值税纳税义务发生的当天。

例如，某送变电公司与某供电公司在2020年9月13日签订××变电工程，合同总金额1200万元整，合同约定分期付款，第一次付款在合同签订30日内支付10%，供电公司与2020年9月27日将第一笔款项打至送变电，所以，送变电应于9月27日收到款项时向供电公司开具增值税发票并于次月申报缴纳增值税。

（2）增值税电子发票开具。增值税电子普通发票，是指通过增值税发票系统升级版开具、上传，通过电子发票服务平台查询、下载的电子增值税普通发票。电子发票作为合法有效的凭证，法律效力、基本用途、基本使用规定等与税务机关监制的纸质增值税普通发票相同。区别于传统纸质发票，是在原有加密防伪措施上，使用数字证书进行电子签章后供购买方下载使用。

企业可在电子税务局或者办税厅填制《纳税人领用发票票种核定表》（一式二份），申请电子发票的票种核定，办理流程、所需资料与办理增值税普通发票票种核定一致。

企业在使用新系统开具电子发票，开票系统将发票信息上传税务机关，同时传输给对接的电子发票服务平台，平台按照电子发票现有机制和要求生成带纳税人签章的电子发票及其图像文件，反馈给开票方。其中电子发票上有税控签名和电子签章，不需要再另外加盖发票专用章。

（三）电力建筑企业涉税业务介绍

1. 电力建筑企业各类业务介绍

（1）基建工程。基建工程就是基础建设工程，包括基础设施建设和建筑主í的基础建设。

按建设的性质分为新建项目、扩建项目、改建项目、迁建项目和恢复项目。

新建项目：是从无到有、平地起家的建设项目；

扩建和改建项目：是在原有企业、事业、行政单位的基础上，扩大产品的生产能力或增加新的产品生产能力，以及对原有设备和工程进行全面技术改造的项目；

迁建项目：是原有企业、事业单位，由于各种原因，经有关部门批准搬迁到异地建设的项目；

恢复项目：是指对由于自然、战争或其他人为灾害等原因而遭到毁坏的固定资产进行重建的项目。

2）技改工程。根据《国家电网公司生产技术改造工作管理办法》（国家电网企管〔2014〕69号），生产技术改造是利用成熟、先进、适用的技术、设备、工艺和材料等，对现有电网生产设备、设施及相关辅助设施等资产进行更新、完善和配套，提高其安全性、可靠性、经济性和满足智能化、节能、环保等要求。生产技术改造投资形成固定资产，是企业的一种资本性支出。

根据《国家电网有限公司非生产性技改、大修项目管理办法》（国家电网企管〔2014〕1210号），非生产性技改是指对非生产性房屋结构分系统、围护分系统（含室外）和设备设施的给水排水、供热采暖、空调通风、电气、电梯、建筑智能化分系统进行更新、完善和配套改造，以提高其安全性、可靠性、经济性，满足智能化、节能、环保等要求的技术改造工作。

3）电缆工程。电缆工程是指电力系统内由各种电压等级的电力线路将发电厂、变电所和电力用户联系起来的一个发电、输电、配电和用电的整体。

4）总承包项目。根据《中华人民共和国建筑法》（中华人民共和国主席令第46号）第二十四条规定，建筑工程的发包单位可以将建筑工程的勘察、设计、施工、设备采购一并发包给一个工程总承包单位，也可以将建筑工程勘察、设计、施工、设备采购的一项或者多项发包给一个工程总承包单位。工程总承包可以是全过程的承包，也可以是分阶段的承包。工程总承包的范围、承包方式、责权利等由合同约定。实务中 EPC 总承包管理模式作为未来发展趋势，在公司中应用逐渐增多。

工程总承包有下列方式：

①EPC（Engineering、Procurement、Construction 的缩写），即设计采购施工/钥匙工程总承包，是工程总承包企业按照合同约定，承担工程项目的设

计、采购、施工、试运行服务等工作，提供完整的可交付使用的工程项目，并对承包工程的质量、安全、工期、造价全面负责。EPC 总承包工程主要适用于专业性强、技术含量高、工艺结构较为复杂、一次性投资较大的建设项目。在 EPC 模式下，投资方通常仅规定技术标准规范、技术要求和其他基本要求，以使总承包商的设计、采购、施工等分包商共同寻求最经济、最有效的方法实施工程项目。模式一：EPC 总承包方（单一法人单位）与业主签订 EPC 合同。模式二：（见表 1-6）由设计、施工或设备单位组成联合体模式与业主签订 EPC 合同。

表 1-6　　　　　　　EPC 联合体与业主签订合同

EPC 联合体构成	业务内容	发票适用税率
设计单位	设计合同、支付设计款	增值税发票 6%
设备供应商	采购合同、支付货款	增值税发票 13%
施工单位	施工合同、支付工程款	增值税发票 9%

②设计—施工总承包（D-B），即工程总承包企业依据合同约定，承担工程项目的设计和施工，并对承包工程的质量、安全、费用、进度、职业健康和环境保护等全面负责。

③根据工程项目的不同规模、类型和项目发包人要求，工程总承包还可采用设计—采购总承包（E-P）和采购—施工总承包（P-C）等方式。

（5）检修项目。根据《国家电网公司生产设备大修工作管理规定》（国家电网企管〔2014〕69 号），生产设备大修是指为恢复资产（包括设备、设施以及辅助设施等）原有形态和能力，按项目制管理的修理性工作。

根据《国家电网公司非生产性技改、大修项目管理办法》（国家电网企管〔2014〕1210 号），非生产性大修是指为恢复现有非生产性房屋的结构分系统、围护分系统（含室外）、装饰装修分系统和设备设施的给水排水、供热采暖、空调通风、电气、电梯、建筑智能化系统原有形态、作用和功能，满足环境、工作的要求，确保安全运行所进行的维修工作。

检修费包括自营材料费、外包材料费和外包检修费。其中，自营材料费是指生产经营过程中自行组织设备大修、抢修和日常检修发生的材料消耗，包括装置性材料费用和消耗性材料费用。外包材料费是指委托外部社会单位进行设备大修、抢修和日常检修等业务中，需要企业自行购买的材料，包括装置性材料费用和消耗性材料费用。外包检修费是指将检修项目外包给社会单位而发生的材料、人工、机械台班费用、措施费、间接费、利润及税金等全部支出。除零星检修外，检修业务均作为大修项目管理。

（6）运维费。受托运行维护收入，是指电力企业利用自身优势为用户、其他电力企业运行维护资产而取得的提供服务或劳务收入。

2. 电力建筑企业各类涉税业务税率

各类涉税业务税率分类如表 1-7 所示。

表 1-7　　　　　　各类涉税业务税率

序号	具体业务	货物及应税劳务、服务名称	税率/征收率
1	基建工程、技改工程	《建筑服务》	一般计税9%
	老工程及电缆工程（包清工）		简易计税3%
2	设备类检修项目	《修理修配劳务》	一般计税13%
3	房屋检修项目	《建筑服务》	一般计税9%
4	软件/系统运维项目	《技术服务》	一般计税6%
5	设备运维项目	《现代服务》	一般计税6%
6	运输业务	《运输服务》	一般计税9%
7	房租业务	《不动产经营租赁》	2016年4月30日后取得的不动产出租税率9%
			2016年4月30日前取得的不动产简易征收5%
8	EPC总承包项目	《设计服务》	一般计税6%
		《建筑服务》	一般计税9%
		《货物》	一般计税13%
9	技术服务	《技术服务》	一般计税6%
10	废旧物资销售	《货物》	一般计税13%

3. 电力建筑企业各类涉税业务计税方法

1）一般计税办法。一般纳税人发生的除适用简易计税外的情形都适用一般计税办法，如 2016 年 4 月 30 日后发生的基建工程、技改工程。

2）简易计税办法。

①以清包工方式提供建筑服务，是指施工方不采购建筑工程所需的材料或只采购辅助材料，并收取人工费、管理费或者其他费用的建筑服务。

②一般纳税人为甲供工程提供的建筑服务，可以选择适用简易计税方法计税。甲供工程，是指全部或部分设备、材料、动力由工程发包方自行采购的建筑工程。

③一般纳税人为建筑工程老项目提供的建筑服务，可以选择适用简易计税方法计税。建筑工程老项目，是指：

《建筑工程施工许可证》注明的合同开工日期在2016年4月30日前的建筑工程项目；未取得《建筑工程施工许可证》的，建筑工程承包合同注明的开工日期在2016年4月30日前的建筑工程项目。

4. 电力建筑企业需进项税额转出的几种情形

（1）简易计税项目所对应的进项税额。根据《财政部 国家税务总局关于全面推开营业税改征增值税试点的通知》（财税［2016］36号）附件1：《营业税改征增值税试点实施办法》第二十七条规定"下列项目的进项税额不得从销项税额中抵扣：（一）用于简易计税方法计税项目、免征增值税项目、集体福利或者个人消费的购进货物、加工修理修配劳务、服务、无形资产和不动产。其中涉及的固定资产、无形资产、不动产，仅指专用于上述项目的固定资产、无形资产（不包括其他权益性无形资产）、不动产"，所以电力建筑企业在提供老项目、清包工项目（电缆工程）、甲供项目所对应分包款发票、材料发票、工器具发票的进项税额均不可抵扣，已抵扣的需要做进项税额转出。

（2）无法区分的进项税额。根据《财政部 国家税务总局关于全面推开营业税改征增值税试点的通知》（财税［2016］36号）附件1：《营业税改征增值税试点实施办法》第二十九条规定"适用一般计税方法的纳税人，兼营简易计税方法计税项目、免征增值税项目而无法划分不得抵扣的进项税额，按照下列公式计算不得抵扣的进项税额：

不得抵扣的进项税额＝当期无法划分的全部进项税额×（当期简易计税方法计税项目销售额＋免征增值税项目销售额）÷当期全部销售额"，所以当月发生的兼营简易计税方法计税项目、免征增值税项目而无法划分不得抵扣的进项税额（如简易计税项目与一般计税项目共用的车辆支出费用、办公费、公司本部物业费等）应按上述公式进行计算，并在增值税申报表汇总。

（3）异常凭证。根据《国家税务总局关于异常增值税扣税凭证管理等有关事项的公告》（国家税务总局公告2019年第38号）第一条规定：

"符合下列情形之一的增值税专用发票，列入异常凭证范围：（一）纳税人丢失、被盗税控专用设备中未开具或已开具未上传的增值税专用发票；

（二）非正常户纳税人未向税务机关申报或未按规定缴纳税款的增值税专用发票；

（三）增值税发票管理系统稽核比对发现'比对不符''缺联''作废'

的增值税专用发票;

(四)经税务总局、省税务局大数据分析发现,纳税人开具的增值税专用发票存在涉嫌虚开、未按规定缴纳消费税等情形的;

(五)属于《国家税务总局关于走逃(失联)企业开具增值税专用发票认定处理有关问题的公告》(国家税务总局公告 2016 年第 76 号)第二条第(一)项规定情形的增值税专用发票。"所以,取得异常凭证时尚未申报抵扣增值税进项税额的,暂不进行抵扣。已经申报抵扣增值税进项税额的,一律作进项税额转出处理,同时联系业务部门将异常发票退回取得正常发票。

(4)食堂、宿舍等福利性质支出。根据《财政部 国家税务总局关于全面推开营业税改征增值税试点的通知》(财税〔2016〕36 号)附件 1:《营业税改征增值税试点实施办法》第二十七条规定:"下列项目的进项税额不得从销项税额中抵扣:(一)用于简易计税方法计税项目、免征增值税项目、集体福利或者个人消费的购进货物、加工修理修配劳务、服务、无形资产和不动产。其中涉及的固定资产、无形资产、不动产,仅指专用于上述项目的固定资产、无形资产(不包括其他权益性无形资产)、不动产。"所以发生的福利性质支出,如食堂物业费、水电费、日常修理费、设备采购费等,健身房改造费用、设备采购费、物业费等,宿舍物业费等属于福利性质的支出,发生时不应抵扣进项税额,已抵扣的应进项税额转出。

(5)非正常损失。根据《财政部 国家税务总局关于全面推开营业税改征增值税试点的通知》(财税〔2016〕36 号)附件 1:《营业税改征增值税试点实施办法》第二十七条规定:

"下列项目的进项税额不得从销项税额中抵扣:(二)非正常损失的购进货物,以及相关的加工修理修配劳务和交通运输服务。

(三)非正常损失的在产品、产成品所耗用的购进货物(不包括固定资产)、加工修理修配劳务和交通运输服务。

(四)非正常损失的不动产,以及该不动产所耗用的购进货物、设计服务和建筑服务。

(五)非正常损失的不动产在建工程所耗用的购进货物、设计服务和建筑服务。

纳税人新建、改建、扩建、修缮、装饰不动产,均属于不动产在建工程。"所以非正常损失购入货物、应税劳务、服务应进项税额转出。

根据《财政部 国家税务总局关于全面推开营业税改征增值税试点的通知》(财税〔2016〕36 号)附件 1:《营业税改征增值税试点实施办法》第二

十八条规定:"非正常损失,是指因管理不善造成货物被盗、丢失、霉烂变质,以及因违反法律法规造成货物或者不动产被依法没收、销毁、拆除的情形。"所以台风等自然灾害造成的损失不属于非正常损失,无须进项税额转出。

(6)用于免征增值税项目的。根据《财政部 国家税务总局关于全面推开营业税改征增值税试点的通知》(财税〔2016〕36号)附件1:《营业税改征增值税试点实施办法》第二十七条规定:"下列项目的进项税额不得从销项税额中抵扣:(一)用于简易计税方法计税项目、免征增值税项目、集体福利或者个人消费的购进货物、加工修理修配劳务、服务、无形资产和不动产。"

根据《财政部 税务总局 国务院扶贫办关于扶贫货物捐赠免征增值税政策的公告》(财政部 税务总局 国务院扶贫办公告2019年第55号)第一条规定:"自2019年1月1日至2022年12月31日,对单位或者个体工商户将自产、委托加工或购买的货物通过公益性社会组织、县级及以上人民政府及其组成部门和直属机构,或直接无偿捐赠给目标脱贫地区的单位和个人,免征增值税。"所以将电力建筑企业将外购货物捐赠给目标脱贫地区的,应将该购入货物的进项税额转出。

(四) 电力建筑企业主营业务介绍

1. 基建及技改工程增值税全流程

(1)预收款。收到预收款后的当月,应及时向建筑服务发生地主管税务机关预缴税款。

(2)进度款及结算款。

①施工项目部填写构成进度款报审表,经监理项目部及业主项目部审核审批后,上报公司经营管理部产值。

②各分公司根据产值通过i8系统按需上报《开票工作联系单》。其中,基建工程、技改工程、电缆工程及其他建筑安装服务通过《开票工作联系单—基建技改》上报;检修工程、运维服务及其他技术服务通过《开票工作联系单—检修运维》上报;运输服务通过《开票工作联系单—运输服务》上报;房屋及土地租赁通过《开票工作联系单—房屋租赁》上报;其他业务及保证金开具收据等业务通过《开票工作联系单—其他业务》上报。

③财务资产部开具发票后,向税务局申请外经证,并准备相应外地预缴税款资料。省内工作通过电子税务局申报,由项目部根据金额到制定税务局缴纳

税款。完成税款缴纳后将银行小票等凭证邮寄至公司财务部。省外工程（包含宁波），由公司财务部将相应纳税资料邮寄至工程项目部，项目部收到资料后，应在当月及时向工程所在地预缴税款。按2%或3%税率预缴增值税，并根据当地税务局要求税率缴纳城建税、教育费附加、地方教育费附加及印花税。同时，省外项目可能存在企业所得税及其他地方性政府收费。

④省外项目（包含宁波）缴纳税款后，应根据财务部要求核销反馈外经证，并将税收缴款书、反馈表及银行小票在当月及时传递至公司财务部。

（3）其他相关注意事项。

①分包结算工作应在总包结算工作完成前，否则将造成外地多预缴税款，杭州少缴纳税款的情况。

②分包预缴地点应与公司总包地点一致，避免造成分包款项无法在外地预缴税款时抵扣的情况。

③公司承保工程为分包工程时（例如承接华云总包的工程项目），因在开具发票工作联系单时提前与总包方确认开票地点。

④开具发票前应确认合同是否已签订，否则存在虚开发票的风险，并无法在外地完成预缴税款的工作。

4. EPC 总承包项目涉税事项

EPC 工程总承包是指从事工程总承包的单位按照与建设单位签订的合同，对工程项目的设计、采购、施工实行全过程承包，并对工程的质量、安全、工期和造价等全面负责的工程建设组织实施方式。

公司应依据兼营行为对设计、采购、施工部分分别核算。

①施工部分参考基建及技改工程增值税全流程。

②设计部分应单独核算，根据设计工作进度及合同相关规定，单独申请开票。

③采购部分应单独核算，根据采购工作进度及合同相关规定，单独申请开票。同时，为确保收入成本相对应，申请开票时应提供相应的货物销售清单（包含物品名称、规格、单价及数量）同时应确保各项物资价格与申请开票金额一致。同时，销售物资品类及数量也应与公司物资出库单保持一致。

（五）电力建筑企业增值税外地预缴

1. 适用项目范围

根据国家税务总局关于发布《纳税人跨县（市、区）提供建筑服务增值税征收管理暂行办法》的公告（国家税务总局公告2016年第17号）第二条规定："本办法所称跨县（市、区）提供建筑服务，是指单位和个体工商户（以下简称纳税人）在其机构所在地以外的县（市、区）提供建筑服务。纳税人在同一直辖市、计划单列市范围内跨县（市、区）提供建筑服务的，由直辖市、计划单列市国家税务局决定是否适用本办法（直辖市包括北京、上海、天津、重庆；计划单列市包括大连、青岛、宁波、厦门、深圳）。"

根据《国家税务总局关于进一步明确营改增有关征管问题的公告》（国家税务总局公告2017年第11号）第三条规定："纳税人在同一地级行政区范围内跨县（市、区）提供建筑服务，不适用《纳税人跨县（市、区）提供建筑服务增值税征收管理暂行办法》（国家税务总局公告2016年第17号）。"

因此，在同一地级行政区范围内跨县/区提供建筑安装服务的，无须在外地预缴增值税。例如某送变电公司机构所在地是浙江杭州，在萧山提供某项建筑工程服务，无须至萧山预缴增值税。

在不同行政区范围内跨县/区提供建筑安装服务的，需要在外地预缴增值税。例如某送变电公司机构所在地是浙江杭州，在台州临海区提供某项建筑工程服务，那么该送变电公司在收到预收款/开具发票时就应该在台州临海区税务机关预缴税费。

在同一直辖市、计划单列市范围内跨县（市、区）提供建筑服务的，由直辖市、计划单列市国家税务局决定是否适用本办法。例如，某送变电公司机构所在地是浙江杭州，在宁波海曙区提供某项建筑工程服务，那么该送变电公司在收到预收款/开具发票时就应该在宁波海曙区税务机关预缴税费。

2. 外地预缴流程

（1）开具《跨区域涉税事项报告表》。登陆电子税务局网站后，按下列顺序进行点击：【我要办税】→【综合信息报告】→【税源信息报告】→【跨区域税源信息报告】→【跨区域涉税事项报告】，进入主界面后，根据项目信息填写完整表格，提交成功后可通过【我要查询】——【办税进度】模块，查询已提交办税事项受理进度。开具成功后打印《跨区域涉税事项报告表》。

（2）报验《跨区域涉税事项报告表》。临时到外地（市）从事生产经营活动的企业，持所在地主管税务机关出具的《跨区域涉税事项报告表》向经营地税务机关办理报验登记，按以下顺序进行点击：【我要办税】→【综合信息报告】→【税源信息报告】→【跨区域税源信息报告】→【跨区域涉税事项报验】，进入主界面后，根据项目信息填写完整表格，提交成功后可通过【我要查询】——【办税进度】模块，查询已提交办税事项受理进度。

（3）预缴税款。

①通过电子税务局申报缴纳。省内施工的项目，可通过【电子税务局】→【我要办税】→【个性服务】→【跨区域涉税事项综合管理】→【跨区域建筑服务预缴】模块，根据项目信息填写《增值税预缴税款表》，提交表格后可通过扫描二维码以支付宝、微信、银联转账的方式预缴税款。

②携带相关资料至项目所在地税局预缴税款。无法在电子税务局申报或者无法通过支付宝、微信、银联转账方式预缴税款的项目，可直接携带相关资料（详见外地预缴需准备资料）至项目所在地税务机关申报。

（4）核销《跨区域涉税事项报告表》。

（5）项目结束或者《跨区域涉税事项报告表》有效期间结束后，应及时缴销《跨区域涉税事项报告表》，可通过【电子税务局】→【我要办税】→【个性服务】→【跨区域涉税事项综合管理】→【跨区域涉税事项反馈+缴销】模块进行缴销。

1. 外地预缴需准备资料

根据《国家税务总局公告 2016 年第 53 号》规定："将《纳税人跨县（市、区）提供建筑服务增值税征收管理暂行办法》（国家税务总局公告 2016 年第 17 号发布）第七条规定调整为：纳税人跨县（市、区）提供建筑服务，在向建筑服务发生地主管国税机关预缴税款时，需填报《增值税预缴税款表》，并出示以下资料：（一）与发包方签订的建筑合同复印件（加盖纳税人公章）；（二）与分包方签订的分包合同复印件（加盖纳税人公章）；（三）从分包方取得的发票复印件（加盖纳税人公章）"。

所以在外地预缴时需带上《跨区域涉税事项报告表》、《增值税预缴税款表》、与发包方签订的建筑合同复印件（加盖公章）与分包方签订的分包合同复印件（加盖公章）、从分包方取得的发票复印件（加盖公章）去项目所在地税务机关办理外地预缴事宜。

2. 外地预缴需注意的事项

（1）在收到预收款/开具发票时应及时去外地预缴：根据财税［2016］36 号附件 1：《营业税改征增值税试点实施办法》第四十五条规定："增值税纳税义务、扣缴义务发生时间为：

（一）纳税人发生应税行为并收讫销售款项或者取得索取销售款项凭据的当天；先开具发票的，为开具发票的当天。

收讫销售款项，是指纳税人销售服务、无形资产、不动产过程中或者完成后收到款项。

取得索取销售款项凭据的当天，是指书面合同确定的付款日期；未签订书面合同或者书面合同未确定付款日期的，为服务、无形资产转让完成的当天或者不动产权属变更的当天。"因此，在开具发票是或者收到预收款时增值税纳税义务时间已发生，应及时去项目所在地税务机关申报缴纳税费。

（2）在预缴地月销售额小于10万元未超过10万元的，当期无须预缴税款。根据《国家税务总局关于小规模纳税人免征增值税政策有关征管问题的公告》（国家税务总局公告2019年4号）第六条规定："按照现行规定应当预缴增值税税款的小规模纳税人，凡在预缴地实现的月销售额未超过10万元的，当期无须预缴税款。本公告下发前已预缴税款的，可以向预缴地主管税务机关申请退还。"因此，例如某送变电公司部分项目工程地在宁波海曙区，2020年9月共在海曙区发生9.8万元的销售额，那么9月无须至海曙区预缴税款。

（3）工程结束/跨区域涉税事项报告表有效期到期后应及时核销《跨区域涉税事项报告表》。在工程结束或者跨区域涉税事项报告表有效期到期后及时将《跨区域涉税事项报告表》进行核销。

（六）注意事项

1. 合同签订的涉税注意事项

（1）合同签订。合同签订需要明确不含增值税价格，增值税税率以及若国家出台新的政策，按不含税价格进行调整。

（2）与劳务工签订合同注意事项。

①合同规定需要取得合法票据；

②合同明确规定税费由提供劳务方自行承担；

③合同中明确规定税率是多少；

④含税价（包含增值税、个人所得税等各种税费）与不含税价（即到手价）区分列明。

（3）EPC总承包项目签订合同注意事项。在EPC合同中，要划分EPC合同总价款的构成，分别列示设计、设备、施工价款金额，以及各项价款的支付进度。

2 简易计税项目进项税额转出问题

每月月底，应将无法区分用于一般计税项目还是简易计税项目的发票的进项税额按照简易计税项目金额占所有收入的比例转出，并在增值税申报表填写附表二第17行"简易计税方法征税项目用"行次。

3 应对税率变化

近年来，增值税税制改革频繁发生，自2018年5月1日起，制造业等行业增值税税率从17%降至16%，交通运输、建筑、基础电信服务等行业及农产品等货物的增值税税率从11%降至10%；自2019年4月1日起，原适用16%税率的，税率调整为13%；原适用10%税率的，税率调整为9%。

根据《财政部 国家税务总局关于全面推开营业税改征增值税试点的通知》（财税〔2016〕36号）附件1：《营业税改征增值税试点实施办法》第四十五条规定："增值税纳税义务、扣缴义务发生时间为：（一）纳税人发生应税行为并收讫销售款项或者取得索取销售款项凭据的当天；先开具发票的，为开具发票的当天。收讫销售款项，是指纳税人销售服务、无形资产、不动产过程中或者完成后收到款项。取得索取销售款项凭据的当天，是指书面合同确定的付款日期；未签订书面合同或者书面合同未确定付款日期的，为服务、无形资产转让完成的当天或者不动产权属变更的当天。

（二）纳税人提供租赁服务采取预收款方式的，其纳税义务发生时间为收到预收款的当天。

（三）纳税人从事金融商品转让的，为金融商品所有权转移的当天。

（四）纳税人发生本办法第十四条规定情形的，其纳税义务发生时间为服务、无形资产转让完成的当天或者不动产权属变更的当天。

（五）增值税扣缴义务发生时间为纳税人增值税纳税义务发生的当天。"

根据《国家税务总局关于深化增值税改革有关事项的公告》（国家税务总局公告2019年第14号）第二条规定："纳税人在增值税税率调整前未开具增值税发票的增值税应税销售行为，需要补开增值税发票的，应当按照原适用税率补开。"

因此，增值税纳税义务时间应根据上述规定确认，而不是单纯的按照发票开具时间确认，因此建议电力建筑企业在签订合同时应与对方约定遇到税率调整等政策变化时应如何处理的条款，避免发生商业纠纷。

同时，应梳理合同，按照上述规定作为增值税纳税义务发生时间确定适用税率。如果确定的纳税义务发生时间为税率变化后，销售方应按照新税率开具发票;如果确定的纳税义务发生时间为税率变化前,则销售方应按照原适用税率补开发票,其对应销售额需在税率调整前作"未开具发票收入"申报纳税,未申报的将导致延期缴纳税款,需补缴滞纳金。

4. 不动产租赁/出售税款缴纳要求

(1) 不动产租赁。根据《国家税务总局关于发布〈纳税人提供不动产经营租赁服务增值税征收管理暂行办法〉的公告》(国家税务总局公告2016年第16号)第六规定:"纳税人出租不动产,按照本办法规定需要预缴税款的,应在取得租金的次月纳税申报期或不动产所在地主管国税机关核定的纳税期限预缴税款。"第七条规定;"预缴税款的计算(一)纳税人出租不动产适用一般计税方法计税的,按照以下公式计算应预缴税款:应预缴税款=含税销售额÷(1+11%)×3%;(二)纳税人出租不动产适用简易计税方法计税的,除个人出租住房外,按照以下公式计算应预缴税款:应预缴税款=含税销售额÷(1+5%)×5%。"因此应在取得租金次月在不动产所在地税务机关缴纳增值税、附加税、土地使用税、土地使用税。

(2) 不动产出售。根据《纳税人转让不动产增值税征收管理暂行办法》(国家税务总局公告2016年第14号)第三条规定:"一般纳税人转让其取得的不动产,按照以下规定缴纳增值税:

(一)一般纳税人转让其2016年4月30日前取得(不含自建)的不动产,可以选择适用简易计税方法计税,以取得的全部价款和价外费用扣除不动产购置原价或者取得不动产时的作价后的余额为销售额,按照5%的征收率计算应纳税额。纳税人应按照上述计税方法向不动产所在地主管地税机关预缴税款,向机构所在地主管国税机关申报纳税。

(二)一般纳税人转让其2016年4月30日前自建的不动产,可以选择适用简易计税方法计税,以取得的全部价款和价外费用为销售额,按照5%的征收率计算应纳税额。纳税人应按照上述计税方法向不动产所在地主管地税机关预缴税款,向机构所在地主管国税机关申报纳税。

(三)一般纳税人转让其2016年4月30日前取得(不含自建)的不动产,选择适用一般计税方法计税的,以取得的全部价款和价外费用为销售额计算应纳税额。纳税人应以取得的全部价款和价外费用扣除不动产购置原价或者取得不动产时的作价后的余额,按照5%的预征率向不动产所在地主管地税机关预缴税款,向机构所在地主管国税机关申报纳税。

(四)一般纳税人转让其2016年4月30日前自建的不动产,选择适用一一般计税方法计税的，以取得的全部价款和价外费用为销售额计算应纳税额。纳税人应以取得的全部价款和价外费用，按照5%的预征率向不动产所在地主管地税机关预缴税款，向机构所在地主管国税机关申报纳税。

（五）一般纳税人转让其2016年5月1日后取得（不含自建）的不动产，适用一般计税方法，以取得的全部价款和价外费用为销售额计算应纳税额。纳税人应以取得的全部价款和价外费用扣除不动产购置原价或者取得不动产时的作价后的余额，按照5%的预征率向不动产所在地主管地税机关预缴税款，向机构所在地主管国税机关申报纳税。

（六）一般纳税人转让其2016年5月1日后自建的不动产，适用一般计税方法，以取得的全部价款和价外费用为销售额计算应纳税额。纳税人应以取得的全部价款和价外费用，按照5%的预征率向不动产所在地主管地税机关预缴税款，向机构所在地主管国税机关申报纳税。"因此，取得不动产收入应向不动产所在地主管地税机关预缴的增值税税款，在机构所在地进行申报，但预缴税款可以在当期增值税应纳税额中抵减，抵减不完的，结转下期继续抵减。

政策处理费（青苗赔偿、三跨改造、房屋拆迁以及自身被赔偿）的入账依据

政策处理费政策处理费包括土地复垦费、植被恢复费、水土流失补偿费、权属地基调查费、房屋拆迁配套费、宅基地补偿费、房屋拆迁赔偿费、青苗赔偿费、"三跨"改造费、送电线路走廊赔偿费等。政策处理费应按如下规定进行处理：

（1）政府部门。支付政府部门政策处理费时应以与政府部门签订的合同、取得的政府非税收入票据、支付的银行回单作为入账依据。

（2）其他单位。支付其他单位政策处理费时应以双方签订的合同、收据、银行支付回单作为入账依据。

（3）个人。支付其他单位政策处理费时应以双方签订的合同、个人身份证复印件、收据、银行支付回单作为入账依据。

资产划转增值税处理

（1）无须缴纳。根据《关于全面推开营业税改征增值税试点的通知》（财税〔2016〕36号）附件2《营业税改征增值税试点有关事项的规定》规定："在资产重组过程中，通过合并、分立、出售、置换等方式，将全部或者部分实物资产以及与其相关联的债权、负债和劳动力一并转让给其他单位和个人，其中涉及的不动产、土地使用权转让行为，不征收增值税。"若在资产划转过

程中将该资产的债权、债务、劳动力一并带过去的（如吸收合并资产划转），不征收增值税，可以开具不征税发票。

（2）需要缴纳。根据《增值税暂行条例实施细则》第四条第（六）（七）（八）项的规定："将自产、委托加工或者购进的货物作为投资，提供给其他单位或者个体工商户；将自产、委托加工或者购进的货物分配给股东或者投资者；将自产、委托加工或者购进的货物无偿赠送其他单位或者个人。均视同销售货物，征收增值税。"所以通常情况下，企业间资产划转涉及不动产、土地使用权、存货、设备的，原则上征收增值税。因此，无论是母子公司之间划转资产，还是子公司之间划转资产，划出方需视同按公允价值销售货物、不动产、无形资产缴纳增值税。

7. 企业为聘用的员工提供服务增值税处理

根据《财政部 国家税务总局关于全面推开营业税改征增值税试点的通知》（财税〔2016〕36号）附件1：《营业税改征增值税试点实施办法》第十条规定："销售服务、无形资产或者不动产，是指有偿提供服务、有偿转让无形资产或者不动产，但属于下列非经营活动的情形除外：（一）行政单位收取的同时满足以下条件的政府性基金或者行政事业性收费。

（二）单位或者个体工商户聘用的员工为本单位或者雇主提供取得工资的服务。

（三）单位或者个体工商户为聘用的员工提供服务。"企业为员工提供的服务（如为员工提供班车服务、将集体宿舍出租给本单位员工）无须计缴增值税。

8. 预缴台账

对跨县（市、区）提供的建筑服务，电力建筑企业应自行建立预缴税款台账，区分不同县（市、区）和项目逐笔登记全部收入、支付的分包款、已扣除的分包款、扣除分包款的发票号码、已预缴税款以及预缴税款的完税凭证号码等相关内容，留存备查。

9. 内部授权或者三方协议等方式，授权集团内其他纳税人提供建筑服务

根据《国家税务总局关于进一步明确营改增有关征管问题的公告》（国家税务总局公告2017年第11号）规定："二、建筑企业与发包方签订建筑合同后，以内部授权或者三方协议等方式，授权集团内其他纳税人（以下称'第三方'）为发包方提供建筑服务，并由第三方直接与发包方结算工程款的，由第三方缴纳增值税并向发包方开具增值税发票，与发包方签订建筑合同的建筑企业不缴纳增值税。发包方可凭实际提供建筑服务的纳税人开具的增值税专用发票抵扣进项税额。"

因此，建筑企业与发包方签订建筑合同后，以内部授权或者三方协议等方式，授权集团内其他纳税人（以下称"第三方"）为发包方提供建筑服务，并由第三方直接与发包方结算工程款的，由第三方缴纳增值税并向发包方开具增值税发票，与发包方签订建筑合同的建筑企业不缴纳增值税。例如，某送变电公司与 A 地某供电公司签订变电站建设工程合同，以内部授权的形式直接将该工程委托给其分公司，分公司直接与供电公司结算并由分公司开票给供电公司，那么该送变电公司与发包方签订建筑合同的建筑企业无须缴纳增值税。

10. 特殊事项

疫情期间取得的住宿发票主要分为两种情况：一种是 2020 年 3 月 1 日至 5 月 31 日征收率为 1% 的增值税专用发票；另一种是免税的增值税普通发票。

政策依据：国务院常务会要求，自 3 月 1 日至 5 月底，免征湖北省境内小规模纳税人增值税，其他地区征收率由 3% 降至 1%。

《财政部税务总局关于支持新型冠状病毒感染的肺炎疫情防控有关税收政策的公告》（财政部税务总局公告 2020 年第 8 号）第五条规定："对纳税人提供公共交通运输服务、生活服务，以及为居民提供必需生活物资快递收派服务取得的收入，免征增值税。"第六条规定："本公告自 2020 年 1 月 1 日起实施，截止日期视疫情情况另行公告。"

二、企业所得税

（一）基本概念

1. 概念

企业所得税是对我国境内的企业和其他取得收入的组织就其生产经营所得、其他所得和清算所得征收的一种税。通俗点说就是企业实现利润需要按照一定比例缴纳所得税。

2. 税率（见表2-1）

表2-1　　　　　　　　　　企业所得税税率

种类	税率	适用范围
基本税率	25%	（1）居民企业； （2）在中国境内设有机构、场所且所得与机构、场所有关联的非居民企业
优惠税率	20%	符合条件的小型微利企业（所得额还有减征）
优惠税率	15%	（1）国家重点扶持的高新技术企业； （2）西部鼓励类产业企业；技术先进型服务企业； （3）从事污染防治的第三方企业
扣缴义务人代扣代缴	10%	（1）在中国境内未设立机构、场所的非居民企业； （2）虽设立机构、场所但取得的所得与其所设机构、场所无实际联系的非居民企业

3. 应纳税所得额

应纳税所得额 = 收入总额 - 不征税收入 - 免税收入 - 各项扣除 - 以前年度亏损

（1）收入时点确认（见表2-2）。

表2-2　　　　　　　　　　收入时点确认

收入项目	收入确认时间
商品销售收入	（1）销售商品采用托收承付方式的，在办妥托收手续时确认收入 （2）销售商品采取预收款方式的，在发出商品时确认收入 （3）销售商品需要安装和检验的，在购买方接受商品以及安装和检验完毕时确认收入。如果安装程序比较简单，可在发出商品时确认收入 （4）销售商品采用支付手续费方式委托代销的，在收到代销清单时确认收入 （5）产品分成：分得产品的时间确认收入

续表

收入项目	收入确认时间
劳务收入	（1）安装费。应根据安装完工进度确认收入。安装工作是商品销售附带条件的，安装费在确认商品销售实现时确认收入 （2）宣传媒介的收费。应在相关的广告或商业行为出现于公众面前时确认收入。广告的制作费用，应根据制作广告的完工进度确认收入 （3）软件费用。为特定客户开发软件的收费，应根据开发的完工进度确认收入 （4）服务费。包含在商品售价内可区分的服务费，在提供服务的期间分期确认收入 （5）特许权费。属于提供设备和其他有形资产的特许权费，在交付资产或转移资产所有权时确认收入属于提供初始及后续服务的特许权费，在提供服务时确认收入
企业转让股权收入	转让协议生效且完成股权变更手续时，确认收入的实现
股息、红利等权益性投资收益	除国务院财政、税务主管部门另有规定外，按照被投资方作出利润分配决定的日期确认收入的实现
利息收入	按照合同约定的债务人应付利息的日期确认收入的实现
租金收入	如果交易合同或协议中规定租赁期限跨年度，且租金提前一次性支付，可对上述已确认的收入，在租赁期内，分期均匀计入相关年度收入
特许权使用费收入	按照合同约定的债务人、承租人、特许权使用人应付费用的日期确认收入的实现
接受捐赠收入	按照实际收到捐赠资产的日期确认收入的实现
企业取得财产（包括各类资产、股权、债权等）转让收入、债务重组收入、接受捐赠收入、无法偿付的应付款收入等	不论是以货币形式、还是非货币形式体现，除另有规定外，均应一次性计入确认收入的年度计算缴纳企业所得税

（2）特殊销售方式收入确认（见表2-3）。

表2-3　　　　　　　　　特殊销售方式收入确认

特殊业务	收入确认
售后回购	一般按售价确认收入，回购的商品作为购进商品处理 融资回购：收到的款项应确认为负债，回购价格大于原售价的，差额应在回购期间确认为利息费用
以旧换新	按销售新商品确认收入，回收的旧商品作为购进处理
折扣、折让	商业折扣按扣除折扣后的金额确定销售收入； 现金折扣按折扣前的金额确定销售收入
买一赠一	不属于捐赠，应将总的销售金额按各项商品的公允价值的比例来分摊确认各项的销售收入

（3）不征税收入。

①财政拨款。

②依法收取并纳入财政管理的行政事业性收费、政府性基金。

③其他不征税收入：是指企业取得的，由国务院财政、税务主管部门规定专项用途并经国务院批准的财政性资金。

④专项用途财政性资金企业所得税处理的具体规定：有特定的来源和具体管理要求，单独进行核算。企业的不征税收入用于支出所形成的费用，不得在计算应纳税所得额时扣除；企业的不征税收入用于支出所形成的资产，其计算的折旧、摊销不得在计算应纳税所得额时扣除。专项用途财政性资金作不征税收入处理后，5年内未支出使用、也未缴回的，计入取得资金第六年的应税收入总额。

（4）限额扣除（见表2-4）。

表2-4　　　　　　　　限额扣除

项目	扣除标准
1. 职工福利费	不超过工资薪金总额14%的部分准予
2. 工会经费	不超过工资薪金总额2%的部分准予
3. 教育经费	不超过工资薪金总额8%的部分准予扣除——超标准结转以后年度
4. 利息费用	不超过金融企业同期同类贷款利率计算的利息（向关联方借款2个限制）
5. 业务招待费	按照发生额的60%扣除，但最高不得超过当年销售（营业）收入的5‰
6. 广告费和业务宣传费	不超过当年销售（营业）收入15%以内的部分，准予扣除。（特殊行业30%）——超标准结转以后年度
7. 公益捐赠支出	不超过年度利润总额12%的部分，准予扣除——超标准结转以后3年内扣除 用于目标脱贫地区的扶贫公益捐赠支出，准予在计算企业所得税应纳税所得额时据实扣除。
8. 手续费及佣金	（1）保险企业：财产保险按保费和规定比例——超标准结转以后年度 （2）其他企业：服务协议或合同确认的收入金额的5%计算限额

（5）不得扣除项目。

①向投资者支付的股息、红利等权益性投资收益款项。

②企业所得税税款。

③税收滞纳金。

④罚金、罚款和被没收财物的损失（合同违约金、赔偿金；加息、罚息等允许扣除）。

⑤赞助支出，指与生产经营无关的非广告性质支出。

⑥未经核定的准备金支出,指不符合规定各项资产减值准备、风险准备等准备金支出。

⑦企业之间支付的管理费、企业内营业机构之间支付的租金和特许权使用费,以及非银行企业内营业机构之间支付的利息,不得扣除。

(二) 企业重组所得税处理

根据《财政部 国家税务总局关于企业重组业务企业所得税处理若干问题的通知》(财税〔2009〕59号)第一条的规定,企业重组,是指企业在日常经营活动以外发生的法律结构或经济结构重大改变的交易,包括企业法律形式改变、债务重组、股权收购、资产收购、合并、分立等。

根据《财政部 国家税务总局发布关于企业重组业务企业所得税处理若干问题的通知》(财税〔2009〕59号文件)、《财政部 国家税务总局关于促进企业重组有关企业所得税处理问题的通知》(财税〔2014〕109号)、《国家税务总局关于资产(股权)划转企业所得税征管问题的公告》(国家税务总局公告2015年第40号)的规定,不动产、无形资产等划转的企业所得税处理如下:

1. 特殊性税务处理

(1) 总体税务处理。

①划出方企业和划入方企业均不确认所得。

②划入方企业取得被划转股权或资产的计税基础,以被划转股权或资产的原账面净值确定。

③划入方企业取得的被划转资产,应按其原账面净值计算折旧扣除。

(2) 四种具体情形的税务处理。

①100%直接控制的母子公司之间,母公司向子公司按账面净值划转其持有的股权或资产,母公司获得子公司100%的股权支付。母公司按增加长期股权投资处理,子公司按接受投资(包括资本公积,下同)处理。母公司获得子公司股权的计税基础以划转股权或资产的原计税基础确定。

②100%直接控制的母子公司之间,母公司向子公司按账面净值划转其持有的股权或资产,母公司没有获得任何股权或非股权支付。母公司按冲减实收资本(包括资本公积,下同)处理,子公司按接受投资处理。

③100%直接控制的母子公司之间,子公司向母公司按账面净值划转其持有的股权或资产,子公司没有获得任何股权或非股权支付。母公司按收回投资

处理，或按接受投资处理，子公司按冲减实收资本处理。母公司应按被划转股权或资产的原计税基础，相应调减持有子公司股权的计税基础。

④受同一或相同多家母公司100%直接控制的子公司之间，在母公司主导下，一家子公司向另一家子公司按账面净值划转其持有的股权或资产，划出方没有获得任何股权或非股权支付。划出方按冲减所有者权益处理，划入方按接受投资处理。

2. 一般性税务处理

（1）100%直接控制的母子公司之间，母公司向子公司按账面净值划转其持有的股权或资产，母公司获得子公司100%的股权支付。母公司应按原划转完成时股权或资产的公允价值视同销售处理，并按公允价值确认取得长期股权投资的计税基础；子公司按公允价值确认划入股权或资产的计税基础。

（2）100%直接控制的母子公司之间，母公司向子公司按账面净值划转其持有的股权或资产，母公司没有获得任何股权或非股权支付。母公司应按原划转完成时股权或资产的公允价值视同销售处理；子公司按公允价值确认划入股权或资产的计税基础。

（3）100%直接控制的母子公司之间，子公司向母公司按账面净值划转其持有的股权或资产，子公司没有获得任何股权或非股权支付。子公司应按原划转完成时股权或资产的公允价值视同销售处理；母公司应按撤回或减少投资进行处理。

（4）受同一或相同多家母公司100%直接控制的子公司之间，在母公司主导下，一家子公司向另一家子公司按账面净值划转其持有的股权或资产，划出方没有获得任何股权或非股权支付。划出方应按原划转完成时股权或资产的公允价值视同销售处理；母公司根据交易情形和会计处理对划出方按分回股息进行处理，或者按撤回或减少投资进行处理，对划入方按以股权或资产的公允价值进行投资处理；划入方按接受母公司投资处理，以公允价值确认划入股权或资产的计税基础。

3. 备案处理

适用并选择特殊性处理方式的，交易双方应在企业所得税年度汇算清缴时，分别向各自主管税务机关报送《居民企业资产（股权）划转特殊性税务处理申报表》和相关资料（一式两份）。

相关资料包括：

（1）股权或资产划转总体情况说明，包括基本情况、划转方案等，并详细说明划转的商业目的；

（2）交易双方或多方签订的股权或资产划转合同（协议），需有权部门（包括内部和外部）批准的，应提供批准文件；

（3）被划转股权或资产账面净值和计税基础说明；

（4）交易双方按账面净值划转股权或资产的说明（需附会计处理资料）；

（5）交易双方均未在会计上确认损益的说明（需附会计处理资料）；

（6）12个月内不改变被划转股权或资产原来实质性经营活动的承诺书。

4. 其他事项

根据《国家税务总局关于资产（股权）划转企业所得税征管问题的公告》（国家税务总局公告2015年第40号）的规定，资产划转的财税处理需要注意以下几点：

（1）股权或资产划转完成日，是指股权或资产划转合同（协议）或批复生效，且交易双方已进行会计处理的日期。

（2）划入方企业取得被划转股权或资产的计税基础，以被划转股权或资产的原账面净值确定，是指划入方企业取得被划转股权或资产的计税基础，以被划转股权或资产的原计税基础确定。

（3）划入方企业取得的被划转资产，应按其原账面净值计算折旧扣除，是指划入方企业取得的被划转资产，应按被划转资产的原计税基础计算折旧扣除或摊销。

（4）进行特殊性税务处理的股权或资产划转，交易双方应在协商一致的基础上，采取一致处理原则统一进行特殊性税务处理。

（三）电力建筑企业企业所得税外地预缴

1. 外地预缴规定

根据《国家税务总局关于跨地区经营建筑企业所得税征收管理问题的通知》（国税函〔2010〕156号）第三条规定："建筑企业总机构直接管理的跨地区设立的项目部，应按项目实际经营收入的0.2%按月或按季由总机构向项目所在地预分企业所得税，并由项目部向所在地主管税务机关预缴。"所以，企业在开具发票或者收到预收款时，应与增值税一同在项目所在地税务机关申报缴纳。

2. 企业所得税月（季）度预缴纳税申报表填列

《国家税务总局关于发布〈中华人民共和国企业所得税月（季）度预缴纳

税申报表（2015 年版）等报表〉的公告》（国家税务总局公告 2015 年第 31 号）附件 1《中华人民共和国企业所得税月（季）度预缴纳税申报表（A 类，2015 年版）》规定，第 14 行"特定业务预缴（征）所得税额"：填报按照税收规定的特定业务已经预缴（征）的所得税额。建筑企业总机构直接管理的跨地区设立的项目部，按规定向项目所在地主管税务机关预缴的企业所得税填入此行。因此，企业在进行季度所得税申报时，将在外地预缴的 0.2% 所得税税额填写在《企业所得税月（季）度预缴纳税申报表》的第 14 行"特定业务预缴（征）所得税额"进行抵减。

3. 企业所得税年度纳税申报表填列

《国家税务总局关于修订企业所得税年度纳税申报表有关问题的公告》（国家税务总局公告 2019 年第 41 号）A100000 中华人民共和国企业所得税年度纳税申报表（A 类）（2017 版）及填报说明："第 32 行'本年累计实际已缴纳的所得税额'：填报纳税人按照税收规定本纳税年度已在月（季）度累计预缴的所得税额，包括按照税收规定的特定业务已预缴（征）的所得税额，建筑企业总机构直接管理的跨地区设立的项目部按规定向项目所在地主管税务机关预缴的所得税额。"所以，A100000 中华人民共和国企业所得税年度纳税申报表（A 类）（2017 版）第 32 行本年累计实际已预缴的所得税额填报数额 = 本纳税年度月（季）度累计预缴的所得税额（含总、分机构）+ 建筑企业向项目所在地主管税务机关预缴的所得税额。在进行企业所得税汇算清缴时，不要忘记了向项目所在地主管税务机关预缴的企业所得税额，否则会多缴税。

（四）电力建筑企业注意事项

1. 研发费用注意事项

（1）在每年年初及时上报研发项目的预算给财务部，跨年的项目注意做好每年的成本费用分配。

（2）人员考勤。

①同一个人在不干研发的工作时与干研发的工作时应按工时分别考勤；

②同一个人在干两个或两个以上研发项目的工作时，需要注意按工时进行分别考勤；

③做研发的人分项目进行考勤，在多个部门干活的需分别考勤，注意考勤不能交叉。

（3）外部委托费用。

①委托外部机构或个人进行研发活动所发生的费用，应向受托方索取研发项目费用支出明细情况并留存备查。

②合同中注明技术服务费，税率为6%，取得发票需符合规定。

③委托个人研发的，应凭个人出具的发票等合法有效凭证在税前加计扣除。

④签订合同时合同名称不要带"加工""测试"字眼，否则该合同无法在科技行政主管部门登记，导致无法享受税收优惠。

（4）留存备查资料。

①注意保存每个项目的项目计划书和立项决议文件；

②保存好每个项目的项目组的编制情况和研发人员名单；

③保存好经科技行政主管部门登记的项目合同；

④研发用到的仪器、设备、无形资产和研发的人的费用分配说明（包括工时使用情况记录）；

⑤集中研发项目研发费决算表、集中研发项目费用分摊明细情况表和实际分享收益比例等资料；

⑥如果有拿到地市级（含）以上科技行政主管部门出具的鉴定意见，就需要保存好该意见书。

2. 完工百分比法确认收入

根据《国家税务总局关于确认企业所得税收入若干问题的通知》（国税函［2008］875号）的规定，电力企业提供建筑安装服务应按完工进度确认收入，计算缴纳企业所得税。

（1）完工百分比法。《企业会计准则——建造合同》规定，企业采用完工百分比法确定合同收入和费用，确定合同完工进度可以选用下列三种方法：

①累计实际发生的合同成本占合同预计总成本的比例。该方法是确定合同完工进度较常用的方法。其计算方式为：

合同完工进度 = 累计实际发生的合同成本 ÷ 合同预计总成本 × 100%

②已经完成的合同工作量占合同预计总工作量的比例。该方法适用于合同工作量容易确定的建造合同，如道路工程、土石方挖掘、砌筑工程等。其计算公式为：

合同完工进度 = 已经完工的合同工作量 ÷ 合同预计总工作量 × 100%

③已完成合同工作的测量。该方法是在无法根据上述两种方法确定合同完

工进度时所采用的一种特殊的技术测量方法。这种技术测量并不是由建造承包商自行随意测定，而由专业人员现场进行科学测定。适用于一些特殊的建造合同，如水下施工工程等。

（2）当期确认的完工进去与按监理签证认可的完工进度是否一致。因电力建筑企业大多按累计实际发生的合同成本占合同预计总成本的比例确定完工百分比，但实务中按监理工作量确认单认可的收入大多高于于企业按合同成本占合同预计总成本完工进度计算确认的收入。那么，因二者确认的完工进度不一致，就存在一个税收风险点，建议企业及时取得成本发票，做到按计实际发生的合同成本占合同预计总成本的完工进度与监理签证认可的完工进度基本一致。

（3）分包成本入账是否及时。电力建筑企业在建造大型工程时，往往采用将其承包的工程项目中的单项工程或单项工程中的单位工程、分部分项工程分包给另一个承包商（即分包单位）进行施工，电力建筑企业在确定总体工程的完工进度时，应考虑分包工程的完工进度。特别是企业根据分包工程进度支付的分包工程进度款，应构成企业累计实际发生的合同成本来确定完工进度。在分包工程的工作量完成之前预付给分包单位的款项，则不应列入累计实际发生的合同成本中。同时，因为分包成本滞后到账，导致收入一并延迟确认，从而导致企业所得税税收风险。因此，应及时取得分包发票，避免因分包成本入账不及时导致的税收风险。

3. 应资本化的费用

根据《中华人民共和国企业所得税法实施条例》（中华人民共和国国务院令第714号）第二十八条规定："企业发生的支出应当区分收益性支出和资本性支出。收益性支出在发生当期直接扣除；资本性支出应当分期扣除或者计入有关资产成本，不得在发生当期直接扣除。"第六十九条规定："企业所得税法第十三条第（三）项所称固定资产的大修理支出，是指同时符合下列条件的支出：（一）修理支出达到取得固定资产时的计税基础50%以上；（二）修理后固定资产的使用年限延长2年以上。"符合资本化条件的费用应资本化分期摊销扣除，而不是一次性计入费用扣除。

但是在实务操作过程中，电力建筑企业因为编制预算时就将符合资本化条件的大修费用、系统/软件费用未列入资本化预算中，导致实际该大修费用、系统/软件费用发生时无资产卡片可入，最终直接将费用直接计入成本而未分期扣除，从而导致企业所得税税收风险。因此，在编制预算时就应该区分收益性支出和资本性支出，同时在进行账务处理时区分收益性支出和资本性支出。

1. 资产折旧年限

根据《中华人民共和国企业所得税法实施条例》（中华人民共和国国务院令第 714 号）第六十条规定："除国务院财政、税务主管部门另有规定外，固定资产计算折旧的最低年限如下：（一）房屋、建筑物，为 20 年；（二）飞机、火车、轮船、机器、机械和其他生产设备，为 10 年；（三）与生产经营活动有关的器具、工具、家具等，为 5 年；（四）飞机、火车、轮船以外的运输工具，为 4 年；（五）电子设备，为 3 年。"

因此，电力建筑企业在购入设备应注意区分机器、机械与器具、工具、家具的区别，应选择不低于税法规定的折旧年限进行折旧摊销。

根据《中华人民共和国企业所得税法实施条例》（中华人民共和国国务院令第 714 号）第六十七条规定："无形资产按照直线法计算的摊销费用，准予扣除。无形资产的摊销年限不得低于 10 年。"根据《财政部 国家税务总局关于进一步鼓励软件产业和集成电路产业发展企业所得税政策的通知》（财税〔2012〕27 号）第七条规定："企业外购的软件，凡符合固定资产或无形资产确认条件的，可以按照固定资产或无形资产进行核算，其折旧或摊销年限可以适当缩短，最短可为 2 年（含）。"

因此，电力建筑企业在对无形资产进行摊销时应注意区分外购与内部转化的区别，形成方式不同摊销的年限也不相同。

5. 跨期费用处理

《中华人民共和国企业所得税法实施条例》（中华人民共和国国务院令第 714 号）第九条规定："企业应纳税所得额的计算，以权责发生制为原则，属于当期的收入和费用，不论款项是否收付，均作为当期的收入和费用；不属于当期的收入和费用，即使款项已经在当期收付，均不作为当期的收入和费用。本条例和国务院财政、税务主管部门另有规定的除外。"

根据《国家税务总局关于企业所得税应纳税所得额若干税务处理问题的公告》（国家税务总局公告 2012 年第 15 号）第六条规定："对企业发现以前年度实际发生的、按照税收规定应在企业所得税前扣除而未扣除或者少扣除的支出，企业做出专项申报及说明后，准予追补至该项目发生年度计算扣除，但追补确认期限不得超过 5 年。"

因此，应注意区分费用的纳税义务发生时间，按照权责发生制确认跨期费用。例如 A 公司为送变电提供系统运行维护服务，服务时间为 2020 年 9 月 1

日至 2021 年 8 月 30 日，金额为 60 万元（不含税），合同约定在签订合同后一个月内一次性付清。2020 年 9 月 20 日取得 A 公司开具的增值税发票，金额为 60 万元。根据权责发生制原则，该送变电公司只可确认 20 万元的成本，剩余费用应于 2021 年确认。

6. 资产划转所得税处理

企业重组同时符合下列条件的，适用特殊性税务处理规定："（一）具有合理的商业目的，且不以减少、免除或者推迟缴纳税款为主要目的。（二）被收购、合并或分立部分的资产或股权比例符合本通知规定的比例。（三）企业重组后的连续 12 个月内不改变重组资产原来的实质性经营活动。（四）重组交易对价中涉及股权支付金额符合本通知规定比例。（五）企业重组中取得股权支付的原主要股东，在重组后连续 12 个月内，不得转让所取得的股权。"因此，电力建筑企业对系统内单位进行资产划转可以适用特殊性税务处理。

根据《财政部 国家税务总局发布关于企业重组业务企业所得税处理若干问题的通知》（财税［2009］59 号文件）、《财政部 国家税务总局关于促进企业重组有关企业所得税处理问题的通知》（财税［2014］109 号）、《国家税务总局关于资产（股权）划转企业所得税征管问题的公告》（国家税务总局公告 2015 年第 40 号）的规定，不动产、无形资产等划转的企业所得税处理如下："（1）划出方企业和划入方企业均不确认所得。（2）划入方企业取得被划转股权或资产的计税基础，以被划转股权或资产的原账面净值确定。（3）划入方企业取得的被划转资产，应按其原账面净值计算折旧扣除。"

交易双方应在股权或资产划转完成后的下一年度的企业所得税年度申报时，各自向主管税务机关提交书面情况说明，以证明被划转股权或资产自划转完成日后连续 12 个月内，没有改变原来的实质性经营活动。

相关资料包括：

（1）股权或资产划转总体情况说明，包括基本情况、划转方案等，并详细说明划转的商业目的；

（2）交易双方或多方签订的股权或资产划转合同（协议），需有权部门（包括内部和外部）批准的，应提供批准文件；

（3）被划转股权或资产账面净值和计税基础说明；

（4）交易双方按账面净值划转股权或资产的说明（需附会计处理资料）；

（5）交易双方均未在会计上确认损益的说明（需附会计处理资料）；

（6）12 个月内不改变被划转股权或资产原来实质性经营活动的承诺书。

三、印花税

(一) 基本概念

1. 概念

印花税是对经济活动和经济交往中书立、领受具有法律效力的凭证的行为所征收的一种税。印花税的纳税人包括在中国境内书立、领受规定的经济凭证的企业、行政单位、事业单位、军事单位、社会团体、其他单位、个体工商户和其他个人。比如说，领用房产产权证需要缴纳5元的印花税。

2. 征税范围及税率（详见表3-1）

表3-1　　　　　　　　征税范围及税率

序号	税目	范围	税率	纳税义务人	说明
1	购销合同	包括供应、预购、采购、购销结合及协作、调剂、补偿、易货等合同	按购销金额万分之三贴花	立合同人	
2	加工承揽合同	包括加工、定作、房屋修缮、修理、印刷、广告、测绘、测试、宣传标牌制作等合同	按加工或承揽收入万分之五贴花	立合同人	
3	建设工程勘察设计合同	包括勘察、设计合同	按收取费用万分之五贴花	立合同人	
4	建筑安装工程承包合同	包括建筑、安装工程承包合同	按承包金额万分之三贴花	立合同人	
5	财产租赁合同	包括租赁房屋、船舶、飞机、机动车辆、机械、器具、设备等	按租赁金额千分之一贴花。税额不足一元的按一元贴花	立合同人	
6	货物运输合同	包括民用航空、铁路运输、海上运输、内河运输、公路运输和联运合同	按运输费用万分之五贴花	立合同人	单据作为合同使用的，按合同贴花
7	仓储保管合同	包括仓储、保管合同	按仓储保管费用千分之一贴花	立合同人	仓单或栈单作为合同使用的，按合同贴花

续表

序号	税目	范围	税率	纳税义务人	说明
8	借款合同	银行及其他金融组织和借款人（不包括银行同业拆借）所签订的借款合同	按借款金额万分之零点五贴花	立合同人	单据作为合同使用的，按合同贴花
9	财产保险合同	包括财产、责任、保证、信用等保险合同	按投保金额万分之零点三贴花	立合同人	单据作为合同使用的，按合同贴花
10	技术合同	包括技术开发、转让、咨询、服务等合同	按所载金额万分之三贴花	立合同人	
11	产权转移书据	包括财产所有权和版权、商标专用权、专利权、专有技术使用权等转移书据	按所载金额万分之五贴花	立据人	
12	营业账簿	生产经营用账册	记载资金的账簿，按固定资产原值与自有流动资金总额万分之五减半贴花。其他账簿免征印花税	立账簿人	
13	权利、许可证照	包括政府部门发给的房屋产权证、工商营业执照、商标注册证、专利证、土地使用证	按件贴花五元	领受人	

（二）印花税计税流程

1. 目前系统内企业合同都为经法系统线上合同

办公室应于每月 28 日汇总整理当月签订的合同清单，按以下模板提供给财务部（详见表 3-2）。

表 3-2　　　　　　　　　××月合同清单

合同编号	合同名称	合同签订日期	合同金额①	备注
××××××××	××合同	×年×月×日	×××元	

注意事项：若签订合同中明确不含税金额的，按照不含税金额填写"合同金额"一列数据；未明确不含税金额的，按照含税金额填写上述"合同金

额"一列;若签订的合同是框架合同,在"备注"列备注"框架合同"。

2. 财务部根据办公室提供的合同清单按以下模板计算当月印花税(详见表3-3)。

表3-3　　　　　　　　××月印花税汇总计算明细表

合同编号	合同名称	合同签订日期	合同金额 ①	是否已计提	所属税目	印花税税率 ②	税额 ③=①×②
××××	××合同	×年×月×日	×××元	否	税种税目分类\印花税\购销合同(金额确定)	税率	合同金额乘以税率

注意事项:框架合同应先按5元贴花,在实际发生时再按照实际发生额进行贴花。

3. 月末,财务部根据计算出的印花税进行账务处理

(三)印花税申报流程

次月申报截止日之前,财务部在电子税务局进行印花税申报。先登录电子税务局,按下列顺序操作:我要办税—税费申报及缴纳—常规申报—印花税申报,按照上月末的计算明细表填写相关数据。申报表格式见表3-4所示。

表3-4　　　　　　　　印花税纳税申报(报告)表

税款所属期限:自　年　月　日至　年　月　日
纳税人识别号(统一社会信用代码):
纳税人名称:　　　　　　　　　　　　　金额单位:人民币元(列至角分)

本期是否适用增值税小规模纳税人减征政策 (减免性质代码:09049901)			□是 □否		减征比例(%)				
完税凭证	计税金额或件数	核定征收		适用税率	本期应纳税额	本期已缴税额	本期减免税额		本期增值税小规模纳税人减征额	本期应补(退)税额
		核定依据	核定比例				减免性质代码	减免税额		
	1	2	3	4	5=1× 4+2× 3×4	6	7	8	9	10= 5-6- 8-9
购销合同				0.3‰						
加工承揽合同				0.5‰						

续表

| 本期是否适用增值税小规模纳税人减征政策（减免性质代码：09049901） | □是 □否 | 减征比例（%） | | | | | |

应税凭证	计税金额或件数	核定征收		适用税率	本期应纳税额	本期已缴税额	本期减免税额		本期增值税小规模纳税人减征额	本期应补（退）税额
		核定依据	核定比例				减免性质代码代码	减免税额		
	1	2	3	4	5＝1×4＋2×3×4	6	7	8	9	10＝5－6－8－9
建设工程勘察设计合同				0.5‰						
建筑安装工程承包合同				0.3‰						
财产租赁合同				1‰						
货物运输合同				0.5‰						
仓储保管合同				1‰						
借款合同				0.05‰						
财产保险合同				1‰						
技术合同				0.3‰						
产权转移数据				0.5‰						
营业账簿（记载资金的账簿）		—		0.5‰						
营业账簿（其他账簿）		—		5						
权利、许可证照		—		5						
合计		—	—	—						

谨声明：本纳税申报表是根据国家税收法律法规及相关规定填报的，是真实的、可靠的、完整的。

纳税人（签章）： 年 月 日

经办人：
经办人身份证号：
代理机构签章：
代理机构统一社会信用代码：

受理人：
受理税务机关（章）：
受理日期： 年 月 日

注意事项：

①进入电子税务局进行申报时若找不到对应应税凭证行次的，应与管理员

沟通增加相对应的税目，或者进入电子税务局网上申请增加印花税税目。

②外地预缴时缴纳的印花税金额应在第 6 列本期已缴税额栏次填写。

（四）电力建筑企业注意事项

1. 一般的法律、法规、会计、审计等方面咨询不属于技术咨询，不贴印花。

2. 对于各种职业培训、文化学习、职业业余教育等订立的合同，不属于技术培训合同，不贴印花。

3. 后勤服务类合同若合同中若包含购销合同等印花税列举分类的，按列举的分类交；若不属于上表列举范围内的，如合同仅涉及物业保安和食堂服务人员等生活服务类费用不需要交印花税，因生活服务并没有在印花税所规定的印花税应税项目中。

4. 非金融机构之间签订的借款合同无须缴纳印花税。纳税人和非金融性质的企业或个人签订的借款合同不需要缴纳印花税。

5. 印花税应税合同在签订时纳税义务即已产生，不论合同是否兑现或是否如期兑现，均应贴花完税。

6. 资产负债表中实收资本和资本公积增加时应缴纳印花税，接受按账面净值划转的股权或资产对应增加的实收资本（或资本公积）应缴纳印花税。

四、房产税

（一）基本概念

1. 概念

房产税是以房屋为征税对象，按房屋的计税余值或租金收入为计税依据，向产权所有人征收的一种财产税。简言之，就是在我国城市、县城、建制镇和工矿区内（不包括农村）拥有房屋产权的单位和个人，具体包括产权所有人、经营管理单位、承典人、房产代管人或者使用人，需要按房屋的计税余值或租金收入乘以适用税率缴纳的税金。

2. 纳税义务人

（1）产权属国家所有的，由经营管理单位纳税；产权属集体和个人所有的，由集体单位和个人纳税。

（2）产权出典的，由承典人纳税。

（3）产权所有人、承典人不在房屋所在地的，由房产代管人或者使用人纳税。

（4）产权未确定及租典纠纷未解决的，亦由房产代管人或者使用人纳税。

3. 计税依据及税率

从价（自用房产）：按房产原值一次减除10%—30%的扣除比例后的余值的1.2%缴纳；

从租（出租房产）：按租金的12%缴纳，个人出租房产减按4%。

4. 纳税义务发生时间及地点

根据《中华人民共和国房产税暂行条例》的规定以及《关于房产税若干具体问题的解释和暂行规定》（财税地字［1986］第8号）的相关规定，房产税纳税义务时间如下：

（1）将原有的房产用于生产经营，从生产经营之月起计征房产税。

（2）自建的房屋用于生产经营，从建成之日的次月起计征房产税。

（3）委托施工企业建设的房屋，从办理验收手续之日的次月起计征房产税。对于在办理验收手续前已使用或出租、出借的新建房屋，应从出租、出借的当月起按规定计征房产税。

4）购置新建商品房，自房屋交付使用之次月起计征房产税。

5）购置存量房，自办理房屋权属转移、变更登记手续，房地产权属登记机关签发房屋权属证书之次月起计征房产税。

6）出租、出借房产，自交付出租、出借房产之次月起，计征房产税。

7）房地产开发企业自用、出租、出借本企业建造的商品房，自房屋使用或交付之次月起计征房产税。

8）纳税人因房产的实物或权利状态发生变化而依法终止房产税纳税义务的，其应纳税款的计算应截止到房产的实物或权利状态发生变化的当月末。

9）凡是在基建工地为基建工地服务的各种临时性房屋，如果在基建工程结束以后，施工企业将这种临时性房屋交还或者估价转让给基建单位的，应当从基建单位接收的次月起缴纳房产税。

10）企业停产后对原有的房产闲置不用的，由各省、自治区、直辖市税务局确定征免。企业撤销后，对原有的房产闲置不用的，可暂不征收房产税。对撤销后，如果这些房产转给其他征税单位使用的，应从使用次月起征收房产税。

11）委托施工企业建设的房屋或者房地产开发企业自建的房屋，在办理验收手续前或未出售前出租的，自签订出租合同支付租金时间或实际取得租金之日起发生房产税纳税义务；出借的，自出借之次月起由使用人代缴纳房产税。

12）房产税由房产所在地的税务机关征收。房产不在同一地方的纳税人，应按房产的坐落地点分别向房产所在地的税务机关纳税。

（二）房产税申报流程

1. 每年12月15日前，综合服务中心根据表4-1的格式提供最新的房屋、土地基本情况表给财务部。

2. 财务部根据综合服务中心提供的房屋、土地基本情况表与账面资产进行核对，检查本年是否有新增房屋，原值是否进行了变更等，并登记台账。

3. 财务部登录浙江省电子税务局对房产信息进行维护，并申报缴纳房产税。

表 4-1　　　　　　　　　房屋、土地基本情况表

资产名称	土地使用权证（不动产证）编号	土地面积	土地坐落地址	房产证（不动产证）编号	房屋坐落详细地址	房产取得时间	建筑面积（m^2）	备注
萧山基地××号楼	房权证萧移第×××××××号/浙（××）×县不动产权第××号	多少平方米	××区××路××号	萧国用（×××）第××号	××区××路××号	××年×月	多少平方米	×月开始出租，出租面积为××

（三）电力建筑企业注意事项

1. 自用与出租房产的分割方法

若一个房屋涉及出租的，办公室需填写表 4-2 并传递至财务部。

表 4-2　　　　　　　　　　房屋出租单

序号	房产编号	固定资产卡片	房产取得时间	产权证书号	房产名称	所属地区	地址	详细地址	房产原值	出租时间	出租建筑面积	房产总建筑面积
1	×××× ××××		××年×月×日	杭房权证×字第×××号		××区	××街道	××街道××路×号	金额	从×月至×月	多少平方米	多少平方米

同一幢房屋既有自用又有房屋出租的，需要对自用房与出租用房进行分割，办公室需填写表 4-3 并传递至财务部。

表 4-3　　　　　　　　　　房屋租赁分割单

房产名称：×××　　　　　　　　　　　填写日期：2020 年 6 月 2 日

出租房单位名称	×××送变电工程有限公司	承租方单位名称		××××有限公司	
序号	房产总面积	出租面积	自用面积	单位	备注
1	5038.41	160.00	4878.41	平方米	

注意事项：签订房屋出租合同需明确房产名称及对应房产出租的建筑面积，合同里约定同一套的出租部分建筑面积加上自用部分建筑面积应与房产证上总建筑面积及提供给财务的台账上总建筑面积保持一致。

方法一：假设房产总共为 15 层，出租为 10 层，则出租的原值为房产全部

原值为 10/15。

方法二：如果房屋无法按楼层分割，可以按建筑面积分割。假设房产总建筑面积为 1000 平方米，出租建筑面积为 750 平方米，出租原值为房产原值的 750/1000。

2. 房屋租赁与场地租赁的区别

注意事项：在签订合同时，因单独的场地租赁（场地上无房屋）无须缴纳房产税，所以应注意区分房屋租赁与场地租赁并分别按不同的税收分类编码开票。

3. 出租、出借房屋处理

当力建筑企业现行做法是各业务部门自收到房租时及时向财务部申请开票并提供出租房产相关信息，财务部门在开具发票次月申报并缴纳房产税。但按政策规定，出租、出借房产，自交付出租、出借房产的次月起，缴纳房产税，而不是按发票开具时间确认房产税纳税义务时间。因此，业务部门应在出租、出借房产的当月向财务部门提供出租、出借房产相关信息及租金。

4. 附属设施房产税

根据《国家税务总局关于进一步明确房屋附属设备和配套设施计征房产税有关问题的通知》（国税发〔2005〕173号）的规定，凡以房屋为载体，不可随意移动的附属设备和配套设施，如给排水、消防、中央空调、电气及智能化楼宇设备等，无论在会计核算中是否单独记账与核算，都应计入房产原值，计征房产税。对于更换房屋附属设备和配套设施的，在将其价值计入房产原值时，可扣减原来相应设备和设施的价值；对附属设备和设施中易损坏、需要经常更换的零配件，更新后不再计入房产原值。

因此，房屋附属设施如中央空调、电梯、智能化楼宇等应并计入房屋原值缴纳房产税。

5. 无租使用/免租期房产房产税

根据《财政部 国家税务总局关于房产税城镇房产税有关问题的通知》（财税〔2009〕128号）第一条的规定："子公司无租使用经营场所的，依照房产余值代缴纳房产税。"

《关于安置残疾人就业单位城镇房产税等政策的通知》（财税〔2010〕121号）第二条规定："对出租房产，租赁双方签订的租赁合同约定有免收租金期限的，免收租金期间由产权所有人按照房产原值缴纳房产税。"

6. 土地价值并入缴纳房产税

《财政部、国家税务总局关于安置残疾人就业单位城镇房产税等政策的通知》(财税〔2010〕121号)第三条规定，对按照房产原值计税的房产，无论会计上如何核算，房产原值均应包含地价，包括为取得土地使用权支付的价款、开发土地发生的成本费用等。宗地容积率低于0.5的，按房产建筑面积的2倍计算土地面积并据此确定计入房产原值的地价。

因此，电力建筑企业在申报缴纳房产税的时候应注意若土地上有房产的，应将土地原值并入房屋原值计算缴纳增值税。

7. 产权不确定房屋房产税

根据《中华人民共和国房产税暂行条例》第二条规定："产权未确定及租典纠纷未解决的，由房产代管人或者使用人缴纳。"

8. 企业重组产权变更房产税

因企业股权收购、资产收购、合并、分立等原因需要划拨不动产的，划拨不动产前需要先缴纳房产税并及时进行权证变更，例如A公司2020年9月30日将一处资产无偿划转至100%控股的子公司B，有两种方法对该房产缴纳的房产税进行处理：

方法一：A公司进入电子税务局将房产税源信息表进行更改，纳税义务终止时间选择9月30日，缴纳该处房产1—9月的房产税。那么子公司B税源信息录入时房产取得时间为9月30日，缴纳该处房产10—12月房产税。

方法二：A公司进入电子税务局将房产税源信息表进行更改，纳税义务终止时间选择10月的，缴纳该处房产1—10月的房产税。那么子公司B税源信息录入时房产取得时间应为10月31日，缴纳该处房产11—12月房产税。

9. 无证房屋房产税

根据《房产税暂行条例实施细则》第三条规定："房产税由产权所有人缴纳。"

根据《国家税务总局关于进一步明确房屋附属设备和配套设施计征房产税有关问题的通知》(国税发〔2005〕173号)第一条规定："为了维持和增加房屋的使用功能或使房屋满足设计要求，凡以房屋为载体，不可随意移动的附属设备和配套设施，如给排水、采暖、消防、中央空调、电气及智能化楼宇设备等，无论在会计核算中是否单独记账与核算，都应计入房产原值，计征房产税。"

因此，上述项目是否为房产税的征税范围，并非以是否有房屋产权为依据,未办理权证但实际投入使用的房产仍需缴纳房产税。

10. 行政区划变更导致房产税税收风险

根据《中华人民共和国房产税税暂行条例》(中华人民共和国国务院令第583号)第一条规定:"房产税税在城市、县城、建制镇和工矿区征收。"

因此,行政区域为农村的不征收房产税,但是电力建筑企业因存续时间长,房产繁多,存在以前年度行政区划为村的,因后期行政区划变更,原先行政区划为村的后期行政区划变更为区或者市,但该房产仍未缴纳房产税的情况,从而导致少交房产税的风险。

五、城镇土地使用税

（一）基本概念

1. 概念

城镇土地使用税是以国有土地或集体土地为征税对象，对拥有土地使用权的单位和个人征收的一种税。比如说 A 企业在 B 市拥有一土地，面积为 1233 平方米，缴纳标准为 10 元/平方米，那么 A 企业应缴纳城镇土地使用税 12330.00 元。

2. 纳税义务人

城镇土地使用税的纳税义务人，在城市、县城、建制镇、工矿区范围内使用国有土地或集体土地的单位和个人。通常包括以下几类：

（1）拥有土地使用权的单位和个人；

（2）拥有土地使用权的单位和个人不在土地所在地的，其土地的实际使用人和代管人为纳税人；

（3）土地使用权未确定或权属纠纷未解决的，其实际使用人为纳税人；

（4）土地使用权共有的，共有各方都是纳税人，由共有各方分别纳税；

（5）在城镇土地使用税征税范围内，承租集体所有建设用地的，由直接从集体经济组织承租土地的单位和个人，缴纳城镇土地使用税。

3. 计税依据及税率

土地等级对应的城镇土地使用税税额标准如下：

大城市：每平方米年税额分别为 5 元、10 元、15 元、20 元、25 元；

中等城市：每平方米年税额分别为 4 元、8 元、12 元、16 元、20 元；

小城市：每平方米年税额分别为 3 元、6 元、9 元、12 元、15 元；

县城、镇、工矿区：每平方米年税额分别为 2 元、4 元、6 元、8 元、10 元。

（二）城镇土地使用税申报流程

1. 每年 12 月 15 日前，综合管理中心提供最新的房屋、土地基本情况表给政务部。

2. 财务部根据综合服务中心提供的基本情况表与账面资产进行核对，检查本年是否有新增土地，土地面积是否有变动等。

3. 财务部登录浙江省电子税务局对土地信息进行维护，并申报缴纳城镇土地使用税。

（三）电力建筑企业注意事项

1. 无证土地的土地使用税

根据《中华人民共和国城镇土地使用税暂行条例》（中华人民共和国国务院令第483号）第二条规定："在城市、县城、建制镇、工矿区范围内使用土地的单位和个人，为城镇土地使用税的纳税人，应当依照本条例的规定缴纳土地使用税。"第三条规定："土地使用税以实际占用的土地面积为计税依据，依照规定税额计算征收。"

因此，即使未取得土地使用证或者不动产权证，持有的土地仍需按照实际占用的土地面积缴纳土地使用税。

2. 产权不确定土地的土地使用税

《国家税务局关于检发〈关于土地使用税若干具体问题的解释和暂行规定〉的通知》（国税地字［1988］15号）土地使用税由拥有土地使用权的单位或个人缴纳。拥有土地使用权的纳税人不在土地所在地的，由代管人或实际使用人纳税；土地使用权未确定或权属纠纷未解决的，由实际使用人纳税；土地使用权共有的，由共有各方分别纳税。

因此，产权归属不明确的土地由土地使用人缴纳土地使用税。例如，A公司在A市一处闲置房屋作为仓库，A公司未取得该处房产的权证，且无资料证明该处房产的归属单位，该房产实际占用面积为8000平方米，A市土地使用税缴纳标准为10元/平方米。因A公司是该处房产的实际使用人，所以A公司应作为该处房产的纳税义务人，每年缴纳80000元的土地使用税。

3. 地下建筑用地土地使用税

根据《财政部 国家税务总局关于土地使用税城镇土地使用税有关问题的通知》（财税［2009］128号）第四条规定："对在城镇土地使用税征税范围内单独建造的地下建筑用地，按规定征收城镇土地使用税，其中：

1）已取得地下土地使用权证的，按土地使用权证确认的土地面积计算应征税款；

（2）未取得地下土地使用权证或地下土地使用权证上未标明土地面积的，按地下建筑垂直投影面积计算应征税款。

对上述地下建筑用地暂按应征税款的50%征收城镇土地使用税。"

4. 企业重组产权变更土地使用税

因企业股权收购、资产收购、合并、分立等原因需要划拨不动产的，划拨不动产前需要先缴纳土地使用税并及时进行权证变更，例如A公司2020年9月30日将一处资产无偿划转至100%控股的子公司B，有两种方法对该处资产缴纳的土地使用税进行处理：

方法一：A公司进入电子税务局将土地使用税源信息表进行更改，纳税义务终止时间选择9月30日，缴纳该处房产1—9月的土地使用税。那么子公司B税源信息录入时土地取得时间为9月30日，缴纳该处房产10—12月土地使用税。

方法二：A公司进入电子税务局将土地使用税源信息表进行更改，纳税义务终止时间选择10月的，缴纳该处房产1—10月的土地使用税。那么子公司B税源信息录入时土地取得时间应为10月31日，缴纳该处房产11—12月土地使用税。

5. 行政区划变更导致原先无须缴纳土地现在需要缴纳

根据《城镇土地使用税暂行条例》第二条规定："在城市、县城、建制镇、工矿区范围内使用土地的单位和个人，为城镇土地使用税（以下简称土地使用税）的纳税人，应当依照本条例的规定缴纳土地使用税。"

因此，行政区域为农村的不征收土地使用税，但是电力建筑企业因存续时间长，土地较多且散落在各个地方，存在以前年度行政区划划分为农村的，因后期行政区划变更，原先行政区划为农村的现在已经升级为区或者市，但该处资产仍未缴纳土地使用税的情况，从而导致少交土地使用税的风险。

6. 产权证变更导致土地面积发生变化

原持有土地使用证的土地，现陆续变更为不动产权证，因权证变更，土地占地面积发生变化，但申报时仍按照原土地面积进行申报，导致少交土地使用税的税收风险。因此，为避免因产权证变更导致土地面积变换而少交土地使用税的风险，后勤部门在变更权证后应及时将信息传递至财务部门。

六、车船税

(一) 基本概念

1. 概念

车船税是对在中华人民共和国境内的车辆、船舶的所有人或者管理人征收的一种税。车船税是一种财产税,购买和使用车辆的单位或者个人都要缴纳车船税。

2. 计税依据及税率(见表 6-1)

表 6-1　　　　　　　　　　计税依据及税率

名称		计税单位	年基准税额	备注
乘用车〔按发动机汽缸容量(排气量)分档〕	1.0 升(含)以下的	每辆	60 元至 360 元	核定载客人数9人(含)以下
	1.0 升以上至 1.6 升(含)的		300 元至 540 元	
	1.6 升以上至 2.0 升(含)的		360 元至 660 元	
	2.0 升以上至 2.5 升(含)的		660 元至 1200 元	
	2.5 升以上至 3.0 升(含)的		1200 元至 2400 元	
	3.0 升以上至 4.0 升(含)的		2400 元至 3600 元	
	4.0 升以上的		3600 元至 5400 元	
商用车	客车	每辆	480 元至 1440 元	核定载客人数9人以上,包括电车
	货车	整备质量每吨	16 元至 120 元	包括半挂牵引车、三轮汽车和低速载货汽车等
挂车		整备质量每吨	按照货车税额的 50% 计算	

续表

名称		计税单位	年基准税额	备注
其他车辆	专用作业车	整备质量每吨	16元至120元	不包括拖拉机
	轮式专用机械车		16元至120元	
摩托车		每辆	36元至180元	
船舶	机动船舶	净吨位每吨	3元至6元	拖船、非机动驳船分别按照机动船舶税额的50%计算
	游艇	艇身长度每米	600元至2000元	

3. 纳税义务发生时间及地点

（1）购置新建商品房，自房屋交付使用之次月起，缴纳城镇土地使用税；

（2）购置存量房（二手房），自办理房屋权属转移、变更登记手续 房地产权属登记机关签发房屋权属证书之次月起，缴纳城镇土地使用税；

（3）出租、出借房产，自交付出租、出借房产之次月起计征城镇土地使用税；

（4）以出让或转让方式有偿取得土地使用权的，应由受让方从合同约定交付土地时间的次月起缴纳城镇土地使用税；合同未约定交付时间的，由受让方从合同签订的次月起缴纳城镇土地使用税；

（5）因土地的权利发生变化而依法终止城镇土地使用税纳税义务的，其应纳税款的计算应截至土地权利发生变化的当月末；

（6）土地使用税由土地所在地的税务机关征收。土地管理机关应当向土地所在地的税务机关提供土地使用权属资料。

4. 扣缴义务人

从事机动车第三者责任强制保险业务的保险机构为机动车车船税的扣缴义务人，应当在收取保险费时依法代收车船税，并出具代收税款凭证。车船税纳税义务发生时间为取得车船所有权或者管理权的当月。也就是说，在购置新车以及每年缴纳车辆保险时，保险机构作为扣缴义务人，需一并收取车船税并开具增值税发票。

（二）车船税报销流程

保险机构作为车船税扣缴义务人，在代收车船税并开具增值税发票时，应在增值税发票备注栏中注明代收车船税税款信息。具体包括：保险单号、税款所属期（详细至月）、代收车船税金额、滞纳金金额、金额合计等（如图 6-1 所示）。该增值税发票可作为纳税人缴纳车船税及滞纳金的会计核算原始凭证。

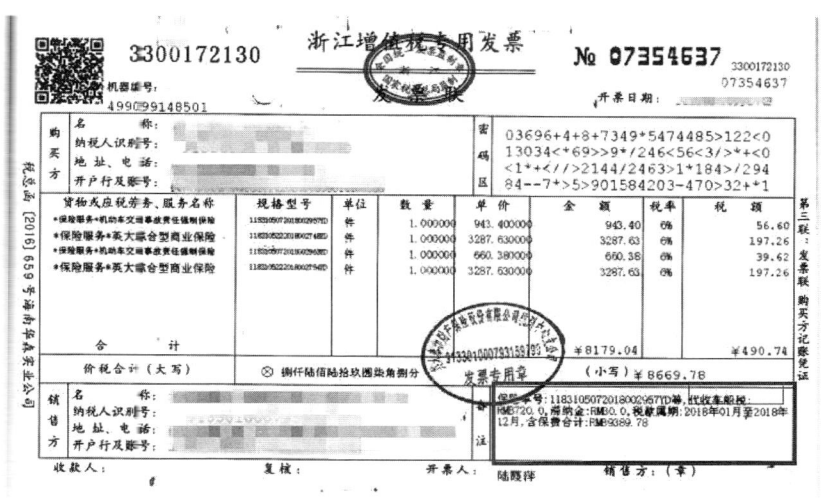

图 6-1　发票样本

车船税主要由保险公司代收代缴，在取得保险公司开具的发票和缴费通知书时及时向财务部进行报销（如图 6-2 所示）。

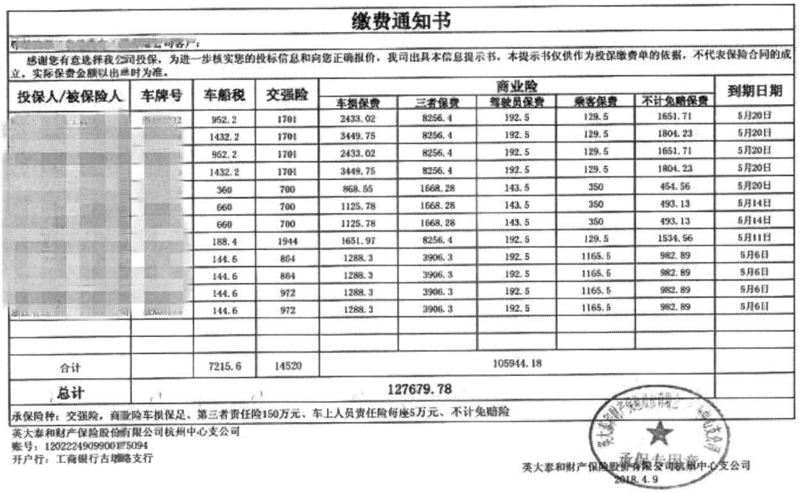

图 6-2　缴费通知书样本

七、个人所得税

（一）基本概念

1. 概念

居民（中国公民、个体工商业户、个人独资企业和合伙企业投资者以及在中国有所得的外籍人员和港澳台同胞）在取得工资薪金所得、劳务报酬所得、稿酬所得、特许使用费所得、经营所得、利息股息红利所得、财产租赁所得、财产转让所及偶然所得时应当缴纳个人所得税。

2. 征税范围及税率（见表7-1）

表7-1　　　　　　　　征税范围及税率

混合制模式	税目	税率	计征方式
综合征收（居民个人适用）	1. 工资、薪金所得	七级累进税率	按月、按次预扣预缴；年终合并汇算清缴，七级超额累进税率3%—45%
	2. 劳务报酬所得	按次预扣率：20%、30%、40%，每次收入≤4000元：定额扣800元；每次收入＞4000元：定率扣20%	
	3. 稿酬所得	按次预扣率：20%	
	4. 特许权使用费所得	按次预扣率：20%	
分类征收	5. 经营所得	五级超额累进税率	按年计算，按季预缴，自行申报
	6. 财产租赁所得	按次税率：20%	按月计算，代扣代缴
	7. 利息、股息、红利所得	按月税率：20%（个人出租住房10%）	按次计算，代扣代缴
	8. 财产转让所得	按次税率：20%	
	9. 偶然所得	按次税率：20%	

3. 专项扣除（见表7-2）

表7-2　　　　　　　　专项扣除

专项附加扣除	标准	要求
1. 子女教育	每个子女每月可扣1000元	（1）3岁以上——全日制学历教育完成；（2）夫妻1人扣或2人各扣50%；（3）在境外接受教育的，应留存境外学校录取通知书、留学签证等相关教育的证明资料备查

续表

专项附加扣除	标准	要求
2. 赡养老人	独生每月扣 2000 元；非独生每人每月最多扣 1000 元	(1) 老人 60 岁以上 (2) 年满 60 岁的父母以及子女均已去世的年满 60 岁的祖父母、外祖父母
3. 继续教育	每月 400 元（每年 4800）	境内非全日制学历继续教育定额扣除；同一学历（学位）继续教育扣除期不得超过 48 个月
	取得证书当年一次性 3600 元	技能人员职业资格继续教育、专业技术人员职业资格继续教育支出
4. 房贷（不可扣房租）	月扣 1000 元，扣除期限最长不得超过 240 个月	(1) 首套购房（按银行贷款利率确定）； (2) 1 人扣或双方约定
5. 房租（不可扣房贷）	按地区月扣除 800 元、1100 元、1500 元	(1) 夫妻双方主要工作城市相同的，只能由一方扣； (2) 夫妻主要工作所在地区有房的，不可扣
6. 大病医疗	年 80000 元限额内据实扣除	(1) 纳税人个人负担的超过基本医保 15000 元部分。 (2) 汇算清缴时进行扣除

二. 扣缴义务人

根据《中华人民共和国个人所得税法》（中华人民共和国主席令第九号）第十一条规定："居民个人取得综合所得，按年计算个人所得税；有扣缴义务人的，由扣缴义务人按月或者按次预扣预缴税款；需要办理汇算清缴的，应当在取得所得的次年三月一日至六月三十日内办理汇算清缴。预扣预缴办法由国务院税务主管部门制定。

居民个人向扣缴义务人提供专项附加扣除信息的，扣缴义务人按月预扣预缴税款时应当按照规定予以扣除，不得拒绝。"

第十二条规定："纳税人取得利息、股息、红利所得，财产租赁所得，财产转让所得和偶然所得，按月或者按次计算个人所得税，有扣缴义务人的，由扣缴义务人按月或者按次代扣代缴税款。"

第十五条规定："有关部门依法将纳税人、扣缴义务人遵守本法的情况纳入信用信息系统，并实施联合激励或者惩戒。"

（二）个税申报流程

1. 代扣代缴

（1）公司根据每月员工工资薪金所得以及提交的专项扣除信息申报并代

扣代缴员工个人所得税。

（2）员工应于每年 6 月底前对上一年度综合所得（工资薪金、劳务报酬、稿酬及特许使用费所得）进行汇算清缴。主要进行核对收入及扣除数，并根据已预交个税与实际需要缴纳税金的对比，多缴纳的进行退税，少缴纳的进行补税。

2. 外地预缴（所需准备资料、办理流程等）

根据《中华人民共和国个人所得税法》（中华人民共和国主席令第四十八号）要求企业实行全员全额申报，但是外地工程预缴仍征收个税，就是说，对于外地预缴的个税部分是重复征收。为避免重复征收个税，所以在项目所得地税务机关备案，取得临时税号及申报密码，将项目部人员工资薪金直接申报在项目所在地。具体操作流程如下所示：

（1）按所开具的项目外经证整理所需资料（详细资料需咨询当地税务机关）至当地税务机关备案，取得临时税号及申报密码。

（2）将临时税号与申报密码在个税申报平台登记注册，将项目部人员工资薪金申报在项目所在地，并根据项目部人员工资薪金在个税申报平台进行申报，可选择通过企业支付宝直接缴纳，或者与当地税务机关签订三方协议直接扣款（要在当地新设银行账户），或者在同城银行查询扣税，或者直接至当地税务机关柜台直接刷卡扣缴个税。

（3）完成扣款后取得完税证明并登记外地预缴台账。

（4）当地工程结束后或者外经证核销后需至税局注销临时税号。

（三）几种特殊情形个税申报

1. 全年一次性奖金

根据《财政部 税务总局关于个人所得税法修改后有关优惠政策衔接问题的通知》（财税〔2018〕164 号）第一条规定："关于全年一次性奖金、中央企业负责人年度绩效薪金延期兑现收入和任期奖励的政策 （一）居民个人取得全年一次性奖金，符合《国家税务总局关于调整个人取得全年一次性奖金等计算征收个人所得税方法问题的通知》（国税发〔2005〕9 号）规定的，在 2021 年 12 月 31 日前，不并入当年综合所得，以全年一次性奖金收入除以 12 个月得到的数额，按照本通知所附按月换算后的综合所得税率表（以下简称月度税率表），确定适用税率和速算扣除数，单独计算纳税。计算公式为：

应纳税额 = 全年一次性奖金收入 × 适用税率 − 速算扣除数

居民个人取得全年一次性奖金，也可以选择并入当年综合所得计算纳税。

自2022年1月1日起，居民个人取得全年一次性奖金，应并入当年综合所得计算缴纳个人所得税。"

所以，年终奖计税方法可按表7-3进行选择；

表7-3　　　　　　　　　　年终奖计税方法

时间	计税方法	纳税方法
20□□年12月□日前	（1）选择不并入当年综合所得（单独计税），将全年一次性奖金，除以12个月，按其商数查找按月换算后的综合所得税率表确定适用税率和速算扣除数——原计税方法	（1）一个纳税年度内，对每一个纳税人，该计税办法只允许采用一次。（2）扣缴义务人发放工资时履行代扣代缴义务
	（2）也可以选择并入当年综合所得计算纳税	
20□□年1月□日起	并入当年综合所得计算缴纳个人所得税	

例7-1：某送变电公司员工A每月扣除各项费用（包含社保、公积金、每月5000元的扣除标准等）后的工资为6500元，12月30日又一次性领取年终奖税奖金60000元。按月换算后的综合所得税率表见表7-4。

表7-4　　　　　　　　　　综合所得税率表

级数	应纳税所得额（月）	税率（%）	速算扣除数
1	不超过3000元	3	0
2	超过3000元至12000元的部分	10	210
3	超过12000元至25000元的部分	20	1410
4	超过25000元至35000元的部分	25	2660
5	超过35000元至55000元的部分	30	4410
6	超过55000元至80000元的部分	35	7160
7	超过80000元的部分	45	15160

方法一：年终奖单独计税

年终奖金适用的税率和速算扣除数为按12个月分摊后，每月的奖金 = $60000 \div 12 = 5000$（元）

根据按月换算后的综合所得税率表，适用的税率和速算扣除数分别为10%、210元。

年终奖应缴纳个人所得税额 = $60000 \times 10\% - 210 = 6000 - 210 = 5790$（元）

全年应纳个人所得税额 = $(6500 \times 0.1 - 210) \times 12 + 5790 = 11070$（元）

方法二：年终奖并入当年综合所得

应纳税所得额 = 60000 + 6500 × 12 = 138000（元）

全年应纳个人所得税额 = 138000 × 0.1 - 2520 = 11280（元）

2. 对个人因解除劳动合同取得经济补偿金

（1）企业破产：企业职工从该破产企业取得的一次性安置费收入，免征个人所得税。

（2）解除劳动关系：劳动合同法的规定：在劳动者无过错的情况下，用人单位与劳动者解除或终止劳动合同而依法应给予劳动者的经济上的补助，最高不超过当地上年职工平均工资3倍。

取得的一次性补偿收入（包括用人单位发放的经济补偿金、生活补助费和其他补助费），其收入在当地上年职工平均工资3倍数额以内的部分，免征个人所得税；超过3倍数额部分的一次性补偿收入，不并入当年综合所得，单独适用按年综合所得税率表计算纳税。

例7-2：中国公民王某就职于A公司，A公司于2020年3月与王某签订了解除劳动关系协议，一次性支付已在本公司任职8年的王某经济补偿金115000元（公司所在地上年职工平均工资25000元）。

超过免税标准的补偿金为：

115000 - 25000 × 3 = 40000（元），适用第二级10%税率、速扣数2520。

应扣缴个人所得税 = 40000 × 10% - 2520 = 1480（元）

3. 从两处以上取得综合所得收入

根据《中华人民共和国个人所得税法实施条例》（中华人民共和国国务院令第707号）第二十五条规定：「取得综合所得需要办理汇算清缴的情形包括：（一）从两处以上取得综合所得，且综合所得年收入额减除专项扣除的余额超过6万元；（二）取得劳务报酬所得、稿酬所得、特许权使用费所得中一项或者多项所得，且综合所得年收入额减除专项扣除的余额超过6万元。」

根据《财政部 税务总局关于个人所得税综合所得汇算清缴涉及有关政策问题的公告》（国家税务总局公告2019年第44号）第二条规定：「纳税人在2019年度已依法预缴个人所得税且符合下列情形之一的，无须办理年度汇算：

纳税人年度汇算需补税但年度综合所得收入不超过12万元的；

纳税人年度汇算需补税金额不超过400元的；

纳税人已预缴税额与年度应纳税额一致或者不申请年度汇算退税的。"

从两处以上取得综合所得收入，若不符合无须办理年度汇算清缴的情形的，需要在次年办理汇算清缴。

例 7-3：王某于 2019 年 7 月从 A 公司调至 B 公司，员工王某 1—6 月的个人所得税在 A 公司代扣代缴，合计应纳税所得额 90000 元，已缴纳个人所得税 480 元。7 月开始在在 B 公司发放工资并申报个税，个税重新按照税率表进行计算缴纳。2019 年 7—12 月合计应纳税所得额 96000 元，缴纳个人所得税 7080 元。次年 4 月份，因不符合无须办理汇算清缴的情形，所以办理了汇算清缴。两处收入合并计算应缴纳个人所得税 20280 元，补缴个人所得税 6720 元。

例 7-4：张某为 A 公司员工，2019 年全年应纳税所得额 110000 元，已缴纳个人所得税 8480 元。2019 年 5 月为 B 公司提供讲课服务，劳务报酬为 5000 元，B 公司已代扣代缴个人所得税（不考虑增值税及其他税费）800 元。2020 年 4 月张某办理汇算清缴，两处综合所得应纳税所得额为 114000 元，应缴纳个人所得税 8880 元，可退税 400 元。

4. 提前退休取得补贴收入

自 2019 年 1 月 1 日起，个人办理提前退休手续而取得的一次性补贴收入，应按照办理提前退休手续至法定离退休年龄之间实际年度数平均分摊，确定适用税率和速算扣除数，单独适用综合所得税率表（年度）计算纳税，即不并入综合所得：

应纳税额 = {[（一次性补贴收入 ÷ 办理提前退休手续至法定退休年龄的实际年度数）- 费用扣除标准] × 适用税率 - 速算扣除数} × 提前办理退休手续至法定退休年龄的实际年度数。

例 7-5：因健康原因，某送变电公司员工张某于 2020 年 3 月办理了提前退休手续（至法定退休年龄尚有 4 年），取得单位按照统一标准支付的一次性补贴 100000 元。当月张某仍按原工资标准从单位领取工资 7500 元。每月有赡养老人专项附加扣除 1000 元。

一次性补贴收入 ÷ 办理提前退休手续至法定退休年龄的实际年度数 = 100000 ÷ 4 = 25000（元）。

由于商数未超过年度费用扣除标准（60000 元），因此无须缴纳个人所得税。

（四）现行申报模式产生汇算清缴的几种情况

1. 因职工岗位调动等情况，会存在职工在不同税务机关及不同单位有多处申报记录的情况。根据目前个税申报预缴计算的方式，职工平时少扣缴个税，需要在汇算清缴时补缴。

2. 职工若存在因个人实际生活情况的变化导致个税专项附加扣除产生变化，或实际税务申报系统中未享受，需要进行扣除等情况的，职工需要进行汇算清缴。

3. 职工取得劳务报酬时，因代扣代缴税率与汇算清缴的不一致，职工需要汇算清缴。

4. 职工在报销外聘专家授课费时，应当要求公司代扣代缴专家费产生的个人所得税。

（五）不实行个税汇算清缴后果

1. 未及时申报的

《税收征管法》第六十二条规定："如果纳税人未在规定期限内办理纳税申报和报送纳税资料的，由税务机关责令限期改正，可以处二千元以下的罚款；情节严重的，可以处二千元以上一万元以下的罚款。"

2. 造成税款流失

按照《税收征管法》第六十四条第二款的规定，如果纳税人不进行纳税申报，因此造成不缴或者少缴税款的，由税务机关追缴其不缴或者少缴的税款、滞纳金，并处不缴或者少缴的税款百分之五十以上五倍以下的罚款。这种处罚是行政处罚，违法程度没有达到犯罪不需要移送司法机关由税务行政机关作出的处罚。

3. 少缴或者不缴纳个人所得税的行政法律责任与刑事法律责任

根据《税收征管法》第六十三条的规定，纳税人采取伪造、变造、隐匿、擅自销毁账簿、记账凭证，或者在账簿上多列支出或者不列、少列收入，或者经税务机关通知申报而拒不申报或者进行虚假的申报，不缴或者少缴应纳税款的，是偷税。对纳税人偷税的，由税务机关追缴其不缴或者少缴的税款、滞纳金，并对其处不缴或者少缴的税款百分之五十以上五倍以下的罚款；构成犯罪的，依法追究刑事责任。另外，依照税收征管法第六十四条第一款的规定，纳税人编造虚假计税依据的，由税务机关责令限期改正，并处五万元以下的罚款。也就是说，年所得12万元以上的纳税人不如实申报，编造虚假计税依据，没有构成犯罪的，要承担五万元以下罚款的行政法律责任，造成税款流失的，承担不缴或者少缴税款百分之五十以上五倍以下罚款的行政法律责任。

4. 个税专项附加扣除及 APP 操作指南详见附录二

八、土地增值税

（一）基本概念

1. 概念

土地增值税是对有偿转让国有土地使用权、地上建筑物及其附着物并取得收入的单位和个人征收的一种税。

土地增值税是对转让国有土地使用权及其地上建筑物和附着物的行为征税，见表 8-1。

表 8-1　　　　　　　　　土地增值税

基本征税范围	不属于征税范围
1. 转让国有土地使用权，包括出售、交换和赠与； 2. 地上的建筑物及其附着物连同国有土地使用权一并转让； 3. 存量房地产的买卖	1. 不包括国有土地使用权出让行为； 2. 不包括未转让土地使用权、房产产权的行为，如房地产的出租、抵押

2. 计税依据及税率

应纳税额 = 增值额 × 适用税率 - 扣除项目金额 × 速算扣除系数

土地增值税实行四级超率累进税率：

增值额未超过扣除项目金额50%的部分，税率为30%。

增值额超过扣除项目金额50%、未超过扣除项目金额100%的部分，税率为40%。

增值额超过扣除项目金额100%、未超过扣除项目金额200%的部分，税率为50%。

增值额超过扣除项目金额200%的部分，税率为60%。

3. 纳税义务发生时间及地点

纳税人应当自转让房地产合同签订之日起7日内向房地产所在地主管税务机关办理纳税申报，并在税务机关核定的期限内缴纳土地增值税。

（二）电力建筑企业存量房转让业务

1. 收入确认

属于征收范围的收入，包括货币收入、实物收入、其他收入；该收入不含增值税。

2. 扣除项目确定

(1) 提供取得房产相关凭据（发票、契税证明、合同协议及支付凭据、司法文书）的，按凭据记载金额并每年加计5%计入扣除项目。

营业税发票及其他凭据，按照发票或凭据所载金额；增值税普通发票，按照发票所载价税合计金额；增值税专用发票，按照发票所载不含增值税金额。

合理费用是指：纳税人按照规定实际支付的住房装修费用、住房贷款利息、手续费、公证费等费用。

计算扣除项目时"每年"按购房发票所载日期起至售房发票开具之日止，每满12个月计一年；超过一年，未满12个月但超过6个月的，可以视同为一年。

(2) 提供评估机构出具以"重置成本法"评估建筑物的重置成本价格的，按评估价格以及取得土地使用权凭据记载金额，计入扣除项目。

评估价格是由政府批准设立的房地产评估机构评定的重置成本价乘以成新度折扣率后的价格。

评估价格 = 重置成本价 × 成新度折扣率

(3) 其他扣除项目：转让环节缴纳的税金（城建税及附加费、印花税）；因计算纳税的需要支付的房产评估费。

(4) 对纳税人购房时缴纳的契税，凡能提供契税完税凭证的，准予作为"与转让房地产有关的税金"予以扣除，但不作为加计5%的基数。

(5) 对于转让旧房及建筑物，既没有评估价格，又不能提供购房发票的，地方税务机关可以实行核定征收。

3. 应纳税额计算

增值额确定 = 收入额 − 扣除项目

应纳税额 = $\sum$（每级距的土地增值额 × 适用税率）

（三）企业改制重组土地增值税

1. 合并/分立

《财政部 税务总局关于继续实施企业改制重组有关土地增值税政策的通知》（财税〔2018〕57号）第二条规定："按照法律规定或者合同约定，两个或两个以上企业合并为一个企业，且原企业投资主体存续的，对原企业将房地产转移、变更到合并后的企业，暂不征土地增值税。"

第三条规定："按照法律规定或者合同约定，企业分设为两个或两个以上与原企业投资主体相同的企业，对原企业将房地产转移、变更到分立后的企业，暂不征土地增值税。"

因此，因合并（如吸收合并）或者分立而涉及房产转移、变更的无须缴纳土地增值税，但其中一方是房地产企业的除外。

2. 资产划转

（1）母公司向子公司划转资产。《财政部 税务总局关于继续实施企业改制重组有关土地增值税政策的通知》（财税［2018］57号）规定，除改制重组有关土地增值税政策不适用于房地产转移任意一方为房地产开发企业外，通过企业改制变更到改制后企业，企业重组合并、分立变更，以及单位、个人在改制重组时以房地产作价入股进行投资，对其将房地产转移、变更到被投资的企业，暂不征土地增值税。

（2）子公司向母公司划转资产。子公司向母公司划转房屋或土地使用权，应理解为子公司将房地产转让给母公司，同时母公司等额减资或分红，子公司需要就划出资产视同按照公允价值转让，计算缴纳土地增值税。

（3）母公司将一家子公司资产划转至另一家子公司。一家子公司将房地产转至另一家子公司，不属于股权投资、合并、分立等不征收土地增值税的情形，而应视同按照公允价值转让房地产，计算缴纳土地增值税。

九、契税

（一）基本概念

1. 概念

契税的纳税义务人，是境内转移土地、房屋权属，承受的单位和个人。包括国有土地使用权出让、土地使用权转让、房屋买卖、房屋赠与、房屋交换情形均需缴纳契税。

2. 计税依据及税率

契税实行3%—5%的幅度税率。

由于不动产的转移方式、定价方法不同，契税计税依据有以下几种情况：

（1）国有土地使用权出让、土地使用权出售、房屋买卖，以成交价格为计税依据；

（2）土地使用权赠与、房屋赠与，由征收机关参照土地使用权出售、房屋买卖的市场价格核定；

（3）土地使用权交换、房屋交换，以所交换的土地使用权、房屋的价格差额为计税依据；

（4）以划拨方式取得土地使用权，经批准转让房地产时，由房地产转让者补交契税，计税依据为补交的土地使用权出让费用或者土地收益；

（5）对于个人无偿赠与不动产行为，应对受赠人全额征收契税；

（6）房屋附属设施征收契税依据：

涉及土地使用权、房屋产权变动的缴契税。采取分期付款方式购买房屋附属设施土地使用权、房屋所有权，按合同规定的总价款计算征收契税。承受的房屋附属设施权属如果是单独计价的，按照当地适用的税率征收，如果与房屋统一计价的，适用与房屋相同的税率；

（7）纳税人申报的成交价格、互换价格差额明显偏低且无正当理由的，由税务机关依照《中华人民共和国税收征收管理法》的规定核定。

3. 纳税义务发生时间及地点

纳税人在签订土地、房屋权属转移合同的当天，或者取得其他具有土地、房屋权属转移合同性质凭证的当天，为纳税义务发生时间。契税应向土地、房屋所在地的税务机关申报缴纳。

（二）企业改制重组土地增值税

两个或两个以上的公司，依照法律规定、合同约定，合并为一个公司，且原投资主体存续的，对合并后公司承受原合并各方土地、房屋权属，免征契税。

公司依照法律规定、合同约定分立为两个或两个以上与原公司投资主体相同的公司，对分立后公司承受原公司土地、房屋权属，免征契税。

对承受县级以上人民政府或国有资产管理部门按规定进行行政性调整、划转国有土地、房屋权属的单位，免征契税。

同一投资主体内部所属企业之间土地、房屋权属的划转，包括母公司与其全资子公司之间，同一公司所属全资子公司之间，同一自然人与其设立的个人独资企业、一人有限公司之间土地、房屋权属的划转，免征契税。

母公司以土地、房屋权属向其全资子公司增资，视同划转，免征契税。

在股权（股份）转让中，单位、个人承受公司股权（股份），公司土地、房屋权属不发生转移，不征收契税。

税收优惠篇

一、增值税

1. 集团内单位之间的资金无偿借贷免征增值税

(1) 基本概念。对企业集团内单位（含企业集团）之间的资金无偿借贷行为，免征增值税。

(2) 享受条件。

①适用对象只针对企业集团，2018年9月1日以前，企业集团按《企业集团登记管理暂行规定》取得《企业集团登记证》。9月1日后，企业按《关于做好取消企业集团核准登记等4项行政许可等事项衔接工作的通知》的规定，企业集团的名称中使用"集团"或者"（集团）"字样，且集团母公司应当将企业集团名称及集团成员信息通过国家企业信用信息公示系统的"集团母公司公示"栏目向社会公示；

②适用对象只针对企业集团内单位间，包括但不限于：集团母公司借给下属公司、下属公司借给集团母公司、下属公司间相互借贷（下属公司包括分、子公司）；

③资金借贷必须无偿；

④享受免税期间有限，自2019年2月1日至2020年12月31日。

(3) 备案资料。

①企业集团内单位之间的资金无偿借贷合同复印件；

②符合企业集团的范围及构成条件的工商证明材料复印件。

(4) 公司流程。

①业务部门及时将无偿借贷合同流转至财务资产部；

②财务资产部整理好资金无偿借贷合同及工商证明材料留存备查。

(5) 政策依据。《财政部 税务总局关于明确养老机构免征增值税等政策的通知》（财税〔2019〕20号）第三条。

2. 统借统还业务取得的利息收入免征增值税

(1) 基本概念。企业集团或企业集团中的核心企业以及集团所属财务公司按不高于支付给金融机构的借款利率水平或者支付的债券票面利率水平，向企业集团或者集团内下属单位收取的利息，免征增值税。

(2) 享受条件。

①适用对象只针对企业集团，2018年9月1日以前，企业集团按《企业

集团登记管理暂行规定》取得《企业集团登记证》。9月1日后，企业按《关于做好取消企业集团核准登记等4项行政许可等事项衔接工作的通知》的规定，企业集团的名称中使用"集团"或者"（集团）"字样，且集团母公司应当将企业集团名称及集团成员信息通过国家企业信用信息公示系统的"集团母公司公示"栏目向社会公示；

②资金必须来源金融机构或债券购买方。企业集团统借统还的资金必须来源于金融机构的贷款，或者企业自己发行债券。除了这两个资金来源的渠道，其他的资金来源不享受该税收优惠政策。比如，向其他企业的借款；

③借款使用单位支付的利息不高于支付给金融机构的借款利率水平或者支付的债券票面利率水平；

④统借统还的企业集团向金融机构借款或对外发行债券取得资金后，由集团所属财务公司与企业集团或者集团内下属单位签订统借统还贷款合同并分拨资金，并向企业集团或者集团内下属单位收取本息，再转付企业集团，由企业集团统一归还金融机构或债券购买方的业务。统借统还有严格的资金借入、分拨使用、利息收取、利息偿还等管理程序和流程要求。

（3）备案资料。

①统借统还贷款合同复印件；

②统借统还台账复印件。

（4）公司流程。

①业务部门在签订合同后5日内将统借统还合同传递至财务资产部；

②财务资产部每月应登记完整统借统还台账；

③财务资产部开具发票时应开具税率为"不征税"或者"＊＊＊"的增值税普通发票；

④财务资产部应将统借统还台账及统借统还合同整理成册并归档留存备查。

（5）政策依据。《营业税改征增值税试点过渡政策的规定》（财税［2016］36号附件3）第一条第（十九）款第7项；

财政部 国家税务总局关于全面推开营业税改征增值税试点的通知财税（［2016］36号）附件3第一条第（三十四）款。

3. 招用退役士兵扣减增值税优惠

（1）基本概念。企业招用自主就业退役士兵，与其签订1年以上期限劳动合同并依法缴纳社会保险费的，自签订劳动合同并缴纳社会保险当月起，在

3年内按实际招用人数予以定额依次扣减增值税、城市维护建设税、教育费附加、地方教育附加和企业所得税优惠。

(2) 享受条件。

①自主就业退役士兵是指依照《退役士兵安置条例》（国务院 中央军委令第608号）的规定退出现役并按自主就业方式安置的退役士兵；

②与自主就业退役士兵签订1年以上期限劳动合同并依法缴纳社会保险费的，自签订劳动合同并缴纳社会保险当月起，在3年内按实际招用人数予以定额扣减；

③退役士兵在本公司的工作时间表证明；

④企业招用自主就业退役士兵既可以适用本通知规定的税收优惠政策，又可以适用其他扶持就业专项税收优惠政策的，企业可以选择适用最优惠的政策，但不得重复享受。

(3) 备查资料。

①《中国人民解放军义务兵退出现役证》《中国人民解放军士官退出现役证》等复印件；

②劳动合同复印件；

③社会保险费记录复印件；

④自主就业退役士兵本年度在企业工作时间表复印件。

(4) 公司流程。

①人资部应在与退役士兵签订或者解除劳动合同后5日内将信息传递至财务资产部；

②财务资产部在取得退役士兵信息后，登录电子税务局按以下操作进行：【我要办税】—【综合信息报告】—【特定涉税信息报告】—【企业退役士兵采集】—【在线办理】；界面如图1-1所示。

图1-1 企业退役士兵采集

③自签订劳动合同并缴纳社会保险当月起，财务资产部计算增值税优惠额，并在当月增值税减免税明细申报表中填写优惠额享进行享受；

④12月15日前，人资部应将当年度退役士兵名单，《中国人民解放军义

务兵退出现役证》或《中国人民解放军士官退出现役证》复印件、劳动合同、社保缴费记录、工作时间表提供给财务资产部,财务部将上述资料整理成册并归档留存备查。

(5) 政策依据。《财政部 税务总局 退役军人部关于进一步扶持自主就业退役士兵创业就业有关税收政策的通知》(财税〔2019〕21 号)第二条;

《国家税务总局关于城镇土地使用税等"六税一费"优惠事项资料留存备查的公告》(国家税务总局公告 2019 年第 21 号)。

4. 符合条件的企业资产重组不征收增值税

(1) 基本概念。在资产重组过程中,通过合并、分立、出售、置换等方式,将全部或者部分实物资产以及与其相关联的债权、负债和劳动力一并转让给其他单位和个人,不征收增值税。

在资产重组过程中,通过合并、分立、出售、置换等方式,将全部或者部分实物资产以及与其相关联的债权、负债和劳动力一并转让给其他单位和个人,其中涉及的不动产、土地使用权转让行为,不征收增值税。

(2) 享受条件。

①资产重组形式:合并、分立、出售、置换;

②转让方式:与其相关联的债权、负债和劳动力一并转让给其他单位和个人。

(3) 备查资料。

①合并、分立、出售、置换合同或协议,需有权部门(包括内部和外部)批准的,应提供批准文件;

②全部或者部分实物资产以及与其相关联的债权、负债和劳动力一并转让给其他单位的情况说明。

(4) 公司流程。

①办公室应将合并、分立、出售、置换合同或协议,批准文件及时专递至财务资产处;

②办公室应与产权交易中心沟通办理过户时是否需要提供发票;

③财务部取得资料后,根据资料内容与税局沟通是否需要开具不征税发票,若需要开票,需确认按照原值开具或是按照净值开具;

④财务部取得资料后,根据资料内容与税局沟通是否需要开具不征税发票;

⑤财务资产部留存相关合同或协议,批准文件,转让情况说明备查。并在

次年 4 月前归档。

（5）政策依据。《国家税务总局关于纳税人资产重组有关增值税问题的公告》（国家税务总局公告 2011 年第 13 号）。

《国家税务总局关于纳税人资产重组有关增值税问题的公告》（国家税务总局公告 2013 年第 66 号）。

《营业税改征增值税试点有关事项的规定》（财税〔2016〕36 号附件 2）第一条第（二）款第 5 项。

5. 扶贫货物捐赠免征增值税

（1）基本概念。对单位或者个体工商户将自产、委托加工或购买的货物通过公益性社会组织、县级及以上人民政府及其组成部门和直属机构，或直接无偿捐赠给目标脱贫地区的单位和个人，免征增值税。

（2）享受条件。

①"目标脱贫地区"包括 832 个国家扶贫开发工作重点县、集中连片特困地区县（新疆阿克苏地区 6 县 1 市享受片区政策）和建档立卡贫困村；

②自产、委托加工或购买的货物相对应的进项税额不得从销项税额中抵扣，应转出；

③2015 年 1 月 1 日至 2018 年 12 月 31 日期间符合条件可追溯享受。已向购买方开具增值税专用发票的，应将专用发票追回后方可办理免税。无法追回专用发票的，不予免税；

④政策执行期限：自 2019 年 1 月 1 日至 2022 年 12 月 31 日。

（3）备查资料。注明目标脱贫地区具体名称的扶贫捐赠票据（盖有财政监制章）。

（4）公司流程。

①党委宣传部（对外联络部）整理对外扶贫捐赠项目相关资料并在取得捐赠票据后 5 日内传递至财务部；

②财务资产部根据党委宣传部提供的资料判断是否可享受扶贫货物捐赠免征增值税的优惠政策；

③若符合条件的，财务资产部需要在取得捐赠票据当月在增值税申报表中附表二进项税额转出列中填写自产、委托加工或购买的货物相对应的进项税额的金额；

④财务资产部留存捐赠票据备查。

（5）政策依据。《财政部　税务总局　国务院扶贫办关于扶贫货物捐赠免征增值税政策的公告》(财政部　税务总局　国务院扶贫办公告 2019 年第 55 号)第一条。

6. 已使用固定资产减征增值税

（1）基本概念。一般纳税人销售自己使用过的属于条例第十条规定不得抵扣且未抵扣进项税额的固定资产，按照简易办法依照 3% 征收率减按 2% 征收增值税，享受减征增值税。

（2）享受条件。

①一般纳税人销售自己使用过的属于条例第十条规定不得抵扣且未抵扣进项税额的固定资产；

②一般纳税人销售自己使用过的除固定资产以外的物品，应当按照适用税率征收增值税；

③正确区分销售已使用固定资产与销售废旧物资、残料等业务情形；

④享受依照 3% 征收率减按 2% 征收增值税的，不得开具增值税专用发票；

⑤依照 3% 征收率享受的，可以开具增值税专用发票；

⑥需正确计算减征增值税税额。

（3）备查资料。无。

（4）公司流程。

①财务资产部先判断是否可享受按照简易办法依照 3% 征收率减按 2% 征收增值税的优惠政策；

②财务资产部正确计算减征额并开具增值税发票；

③财务资产部当月在增值税减免税明细申报表中填写本期发生额，本期应抵减额，本期实际抵减税额进行享受。

（5）政策依据。《财政部　国家税务总局关于部分货物适用增值税低税率和简易办法征收增值税政策的通知》(财税〔2009〕9 号)第二条(一)、(二)项；

《财政部　国家税务总局关于简并增值税征收率政策的通知》(财税〔2014〕57 号)第一条。

二、企业所得税

1. 残疾人工资加计扣除

（1）基本概念。企业安置残疾人员的，在按照支付给残疾职工工资的据实扣除的基础上，可以在计算应纳税所得额时按照支付给残疾职工工资的100%加计扣除。

（2）享受条件。

①依法与安置的每位残疾人签订了1年以上（含1年）的劳动合同或服务协议，并安置的每位残疾人在企业实际上岗工作；

②为安置的每位残疾人按月足额缴纳了企业所在区县人民政府根据国家政策规定的基本养老保险、基本医疗保险、失业保险和工伤保险等社会保险；

③定期通过银行等金融机构向安置的每位残疾人实际支付了不低于企业所在区县适用的经省级人民政府批准的最低工资标准的工资；

④具备安置残疾人上岗工作的基本设施。

（3）备查资料。

①为残疾人缴纳社会保险费缴费记录（个人可通过支付宝—城市服务—社保服务直接获取）；

②向残疾人通过银行等金融机构实际支付工资凭证；

③已安置残疾职工名单；

④《中华人民共和国残疾人证》或《中华人民共和国残疾军人证（1至8级）》；

⑤与残疾人员签订的劳动合同或服务协议。

（4）公司流程。

①人资应在每年12月15日前向财务部提供残疾人员名单，在12月31日前向财务部提供残疾人工资明细；

②财务部根据人资提供资料在12月31日前确认享受残疾人工资加计扣除金额；

③次年5月31日前，人资应根据残疾人员清单提供残疾证、劳动合同、社保缴费记录、向残疾人通过银行等金融机构实际支付工资凭证等资料；

④财务部根据人资提供资料整理成册，留存备查。

（5）政策依据。《中华人民共和国企业所得税法》第三十条第二项；

《中华人民共和国企业所得税法实施条例》第九十六条第一款；

《财政部 国家税务总局关于安置残疾人员就业有关企业所得税优惠政策问题的通知》（财税〔2009〕70 号）。

2. 研发费用加计扣除

（1）基本概念。企业开展研发活动中实际发生的研发费用，未形成无形资产计入当期损益的，在按规定据实扣除的基础上，按照本年度实际发生额的 50%，从本年度应纳税所得额中扣除；形成无形资产的，按照无形资产成本的 150% 在税前摊销；

在 2018 年 1 月 1 日至 2020 年 12 月 31 日期间，再按照实际发生额的 75% 在税前加计扣除；形成无形资产的，在上述期间按照无形资产成本的 175% 在税前摊销。

（2）享受条件。

①研发活动，是指企业为获得科学与技术新知识，创造性运用科学技术新知识，或实质性改进技术、产品（服务）、工艺而持续进行的具有明确目标的系统性活动；

②研发费用的具体范围包括：

人员人工费用。直接从事研发活动人员的工资薪金、基本养老保险费、基本医疗保险费、失业保险费、工伤保险费、生育保险费和住房公积金，以及外聘研发人员的劳务费用。

直接投入费用。

Ⅰ．研发活动直接消耗的材料、燃料和动力费用。

Ⅱ．用于中间试验和产品试制的模具、工艺装备开发及制造费，不构成固定资产的样品、样机及一般测试手段购置费，试制产品的检验费。

Ⅲ．用于研发活动的仪器、设备的运行维护、调整、检验、维修等费用，以及通过经营租赁方式租入的用于研发活动的仪器、设备租赁费。

折旧费用。用于研发活动的仪器、设备的折旧费。企业专门用于研发活动的仪器、设备已享受固定资产加速折旧或一次性扣除优惠政策的，在享受研发费加计扣除时，就已经进行会计处理的折旧、费用等金额进行加计扣除。

无形资产摊销。用于研发活动的软件、专利权、非专利技术（包括许可证、专有技术、设计和计算方法等）的摊销费用。

新产品设计费、新工艺规程制定费、新药研制的临床试验费、勘探开发技术的现场试验费。

其他相关费用。与研发活动直接相关的其他费用，如技术图书资料费、资料翻译费、专家咨询费、高新科技研发保险费，研发成果的检索、分析、评议、论证、鉴定、评审、评估、验收费用，知识产权的申请费、注册费、代理费，差旅费、会议费等。此项费用总额不得超过可加计扣除研发费用总额的10%。

③下列活动不适用税前加计扣除政策：

企业产品（服务）的常规性升级；

对某项科研成果的直接应用，如直接采用公开的新工艺、材料、装置、产品、服务或知识等；

企业在商品化后为顾客提供的技术支持活动；

对现存产品、服务、技术、材料或工艺流程进行的重复或简单改变；

市场调查研究、效率调查或管理研究；

作为工业（服务）流程环节或常规的质量控制、测试分析、维修维护；

社会科学、艺术或人文学方面的研究。

④企业应按照国家财务会计制度要求，对研发支出进行会计处理；同时，对享受加计扣除的研发费用按研发项目设置辅助账，准确归集核算当年可加计扣除的各项研发费用实际发生额。企业在一个纳税年度内进行多项研发活动的，应按照不同研发项目分别归集可加计扣除的研发费用。企业应对研发费用和生产经营费用分别核算，准确、合理归集各项费用支出，对划分不清的，不得实行加计扣除。

⑤企业委托外部机构或个人进行研发活动所发生的费用，按照费用实际发生额的80%计入委托方研发费用并计算加计扣除，受托方不得再进行加计扣除。委托外部研究开发费用实际发生额应按照独立交易原则确定。委托方与受托方存在关联关系的，受托方应向委托方提供研发项目费用支出明细情况。

⑥企业共同合作开发的项目，由合作各方就自身实际承担的研发费用分别计算加计扣除。

⑦企业集团根据生产经营和科技开发的实际情况，对技术要求高、投资数额大、需要集中研发的项目，其实际发生的研发费用，可以按照权利和义务相一致、费用支出和收益分享相配比的原则，合理确定研发费用的分摊方法，在受益成员企业间进行分摊，由相关成员企业分别计算加计扣除。

⑧委托外部进行研发活动。

委外进行研发活动所发生的费用，按照费用实际发生额的80%计入委托方委外研发费用。委托方与受托方存在关联关系的，受托方应向委托方提供研发项目费用支出明细情况；

委托境外进行研发活动应签订技术开发合同,并由委托方到科技行政主管部门进行登记。

(3)备查资料。

①自主、委托、合作研究开发项目计划书和企业有权部门关于自主、委托、合作研究开发项目立项的决议文件;

②自主、委托、合作研究开发专门机构或项目组的编制情况和研发人员名单;

③经科技行政主管部门登记的委托、合作研究开发项目的合同;

④从事研发活动的人员(包括外聘人员)和用于研发活动的仪器、设备、无形资产的费用分配说明;

⑤集中研发项目研发费决算表、集中研发项目费用分摊明细情况表和实际分享收益比例等资料;

⑥"研发支出"辅助账及汇总表;

⑦委托境外研发银行支付凭证和受托方开具的收款凭据;

⑧当年委托研发项目的进展情况;

⑨地市级(含)以上科技行政主管部门出具的鉴定意见(如有)。

(4)公司流程。

①每年12月15日前,技术部门配合财务部门根据税法规定确定享受研发加计扣除的项目;

②技术部门配合财务部向委外单位取得需留存备查资料,特别是委外的项目需取得经科技行政主管部门登记的委托、合作研究开发项目的合同;

③人资配合财务合理分配研发工资与管理工资,并做好考勤留存备查;

④次年5月31日前,财务部将需留存备查的资料整理成册并装订归档。

(5)政策依据。《财政部 国家税务总局 科技部关于完善研究开发费用税前加计扣除政策的通知》(财税〔2015〕119号);

《国家税务总局关于提高科技型中小企业研究开发费用税前加计扣除比例有关问题的公告》(国家税务总局公告2017年第18号);

《财政部 税务总局 科技部关于企业委托境外研究开发费用税前加计扣除有关政策问题的通知》(财税〔2018〕64号);

《财政部 税务总局 科技部关于提高研究开发费用税前加计扣除比例的通知》(财税〔2018〕99号)。

3. 购置环境保护、节能节水和安全生产专用设备可以抵免企业所得税

(1)基本概念。企业自2008年1月1日起购置并实际使用列入《目录》

范围内的环境保护、节能节水和安全生产专用设备,可以按专用设备投资额的10%抵免当年企业所得税应纳税额;企业当年应纳税额不足抵免的,可以向以后年度结转,但结转期不得超过5个纳税年度。

(2)享受条件。

①享受优惠政策的环境保护、节能节水、安全生产等专用设备符合《节能节水和环境保护专用设备企业所得税优惠目录(2017年版)》和《安全生产专用设备企业所得税优惠目录(2018年版)》的规定;

②企业购置上述专用设备在5年内转让、出租的,应当停止享受企业所得税优惠,并补缴已经抵免的企业所得税税款;

③按规定进行税额抵免时,如增值税进项税额允许抵扣,其专用设备投资额不含包括增值税进项税额;如增值税进项税额不允许抵扣,其专用设备投资额应为增值税专用发票上注明的价税合计金额。企业购买专用设备取得普通发票的,其专用设备投资额为普通发票上注明的金额;

④购置的设备需投入使用,放置于仓库的设备当年无法享受该优惠政策。

(3)备查资料。

①购买并自身投入使用的专用设备清单及发票;

②以融资租赁方式取得的专用设备的合同或协议;

③专用设备属于《环境保护专用设备企业所得税优惠目录》《节能节水专用设备企业所得税优惠目录》或《安全生产专用设备企业所得税优惠目录》中的具体项目的说明;

④专用设备实际投入使用时间的说明。

(一)公司流程。

①财务部门先根据关键词筛选可能可以享受的资产提交至业务部门;

②业务部门根据财务筛选处理的资产,查看是否投入使用,是否符合《目录》中要求的各项参数,将符合条件的反馈至财务部;

③次年5月31日前,业务部门将设备属于《目录》中的具体项目的说明以及实际投入使用时间的说明提交至财务部;

④次年5月31日前,财务部门将备查资料整理成册并装订归档。

(二)政策依据。关于环境保护节能节水安全生产等专用设备投资抵免企业所得税有关问题的通知(国税函〔2010〕256号);

关于印发节能节水和环境保护专用设备企业所得税优惠目录(2017年版)的通知(财税〔2017〕71号);

关于印发《安全生产专用设备企业所得税优惠目录(2018年版)》的通

知(财税〔2018〕84号)。

4. 高新技术企业优惠

(1) 基本概念。对认定为高新技术企业的科技服务企业，减按15%的税率征收企业所得税。

(2) 享受条件。

①企业申请认定时须注册成立一年以上；

②企业通过自主研发、受让、受赠、并购等方式，获得对其主要产品(服务)在技术上发挥核心支持作用的知识产权的所有权；

③对企业主要产品(服务)发挥核心支持作用的技术属于《国家重点支持的高新技术领域》规定的范围；

④企业从事研发和相关技术创新活动的科技人员占企业当年职工总数的比例不低于10%；

⑤企业近三个会计年度（实际经营期不满三年的按实际经营时间计算，下同）的研究开发费用总额占同期销售收入总额的比例符合如下要求：最近一年销售收入小于5000万元（含）的企业，比例不低于5%；最近一年销售收入在5000万元至2亿元（含）的企业，比例不低于4%；最近一年销售收入在2亿元以上的企业，比例不低于3%。其中，企业在中国境内发生的研究开发费用总额占全部研究开发费用总额的比例不低于60%；

⑥近一年高新技术产品(服务)收入占企业同期总收入的比例不低于60%；

⑦企业创新能力评价应达到相应要求；

⑧企业申请认定前一年内未发生重大安全、重大质量事故或严重环境违法行为。

(3) 备查资料。

①高新技术企业资格证书；

②高新技术企业认定资料；

③知识产权相关材料；

④年度主要产品(服务)发挥核心支持作用的技术属于《国家重点支持的高新技术领域》规定范围的说明，高新技术产品(服务)及对应收入资料；

⑤年度职工和科技人员情况证明材料；

⑥当年和前两个会计年度研发费用总额及占同期销售收入比例、研发费用管理资料以及研发费用辅助账，研发费用结构明细表。

（4）公司流程。

①企业对照认定标准进行自我评价。认为符合认定条件的在"高新技术企业认定管理工作网"注册登记，向认定机构提出认定申请。申请时提交下列材料：高新技术企业认定申请书；证明企业依法成立的相关注册登记证件；知识产权相关材料、科研项目立项证明、科技成果转化、研究开发的组织管理等相关材料；企业高新技术产品（服务）的关键技术和技术指标、生产批文、认证认可和相关资质证书、产品质量检验报告等相关材料；企业职工和科技人员情况说明材料；经具有资质的中介机构出具的企业近三个会计年度研究开发费用和近一个会计年度高新技术产品（服务）收入专项审计或鉴证报告，并附研究开发活动说明材料；经具有资质的中介机构鉴证的企业近三个会计年度的财务会计报告（包括会计报表、会计报表附注和财务情况说明书）；近三个会计年度企业所得税年度纳税申报表；

②等待专家评审，认定机构应在符合评审要求的专家中，随机抽取组成专家组，专家组对企业申报材料进行评审，提出评审意见；

③审查认定，认定机构结合专家组评审意见，对申请企业进行综合审查，提出认定意见并报领导小组办公室。认定企业由领导小组办公室在"高新技术企业认定管理工作网"公示10个工作日，无异议的，予以备案，并在"高新技术企业认定管理工作网"公告，由认定机构向企业颁发统一印制的"高新技术企业证书"；有异议的，由认定机构进行核实处理；

④企业获得高新技术企业资格后，应每年5月底前在"高新技术企业认定管理工作网"填报上一年度知识产权、科技人员、研发费用、经营收入等年度发展情况报表。

（5）政策依据。《中华人民共和国企业所得税法》第二十八条第二款；

科技部 财政部 国家税务总局关于修订印发《高新技术企业认定管理办法》的通知》（国科发火〔2016〕32号）；

国家税务总局关于发布《企业所得税优惠政策事项办理办法》的公告》（国家税务总局公告2015年第76号）。

三. 500万元以下资产一次性扣除

（1）基本概念。企业在2018年1月1日至2020年12月31日期间新购进的设备、器具，单位价值不超过500万元的，允许一次性计入当期成本费用在计算应纳税所得额时扣除，不再分年度计算折旧；单位价值超过500万元的，可缩短折旧年限或采取加速折旧的方法。

(2) 享受条件。

①设备、器具是指除房屋、建筑物以外的固定资产；

②单位价值不超过 500 万元的；

③政策享受期间为 2018 年 1 月 1 日至 2020 年 12 月 31 日；

④固定资产购进时点按以下原则确认：以货币形式购进的固定资产，除采取分期付款或赊销方式购进外，按发票开具时间确认；以分期付款或赊销方式购进的固定资产，按固定资产到货时间确认；自行建造的固定资产，按竣工结算时间确认；

⑤所称购进，包括以货币形式购进或自行建造，其中以货币形式购进的固定资产包括购进的使用过的固定资产；以货币形式购进的固定资产，以购买价款和支付的相关税费以及直接归属于使该资产达到预定用途发生的其他支出确定单位价值，自行建造的固定资产，以竣工结算前发生的支出确定单位价值；

⑥固定资产在投入使用月份的次月所属年度一次性税前扣除；

⑦企业根据自身生产经营核算需要，可自行选择享受一次性税前扣除政策。未选择享受一次性税前扣除政策的，以后年度不得再变更；

⑧一次性税前扣除包括设备等的净残值一起扣除。

(3) 备查资料。

①购进固定资产的发票、记账凭证复印件（购入已使用过的固定资产，应提供已使用年限的相关说明）；

②资产税法与会计差异的台账；

③工程竣工决算报告复印件（自行建造固定资产需留存）。

(4) 公司流程。

①通过资产卡片资本化时间确定当年符合时间要求的固定资产；

②找到固定资产购置发票及工程工程竣工决算报告；

③登记资产税法与会计差异台账；

④次年 5 月 31 日前，将备查资料整理成册并装订入档。

(5) 政策依据。《财政部　税务总局关于设备器具扣除有关企业所得税政策的通知》（财税〔2018〕54 号）。

6. 债务重组、股权收购、资产收购、合并、分立、资产（股权）划转等重组行为特殊性税务处理

(1) 基本概念。企业重组，是指企业在日常经营活动以外发生的法律结构或经济结构重大改变的交易，包括企业法律形式改变、债务重组、股权收购、资产收购、合并、分立等。企业重组的税务处理区分不同条件分别适用一般性税务处理规定和特殊性税务处理规定。企业重组行为中符合企业所得税特殊性税务处理的可享受适用企业所得税递延纳税优惠政策。

2）享受条件。

① 具有合理的商业目的，且不以减少、免除或者推迟缴纳税款为主要目的；

② 被收购、合并或分立部分的资产或股权比例符合规定的比例；

③ 企业重组后的连续 12 个月内不改变重组资产原来的实质性经营活动；

④ 重组交易对价中涉及股权支付金额符合规定比例；

⑤ 企业重组中取得股权支付的原主要股东，在重组后连续 12 个月内，不得转让所取得的股权。

3）备案资料。

① 《企业所得税特殊性税务处理报告表》；

② 《重组报告表》；

③ 总体情况说明，包括基本情况、重组方案、商业目的等；

④ 企业协议或决议，以及相关的行政审批文件；

⑤ 12 个月内不改变资产原来的实质性经营活动的承诺书；

⑥ 工商管理机关登记的股权变更事项的证明材料；

⑦ 交易双方一致选择特殊性税务处理并加盖当事各方公章的证明资料；

⑧ 工商管理机关登记的股权变更事项的证明材料；

⑨ 重组前连续 12 个月内有无与该重组相关的其他股权、资产交易，与该重组是否构成分步交易、是否作为一项企业重组业务进行处理情况的说明；

⑩ 按会计准则规定当期应确认资产（股权）转让损益的，应提供按税法规定计算的资产（股权）计税基础与按会计准则规定核算的相关资产（股权）账面价值的暂时性差异专项说明。

4）公司流程。

① 对符合特殊性重组事项的准备上述备案资料；

② 在汇算清缴前将上述资料上交至税务机关进行备案；

③ 在填写企业所得税汇算清缴年报时《基本信息表》212 重组事项税务处理方式选择 "☑ 一般性☑ 特殊性"，按照重组类型填写 "213 重组交易类型（填写代码）"，并填写 A105100 企业重组及递延纳税事项纳税调整明细表。

5）政策依据。财政部、国家税务总局《关于企业重组业务企业所得税处理若干问题的通知》（财税 [2009] 59 号）；

国家税务总局关于发布《企业重组业务企业所得税管理办法》的公告（国家税务总局公告2010年第4号）；

《财政部 国家税务总局关于促进企业重组有关企业所得税处理问题的通知》（财税〔2014〕109号）；

《国家税务总局关于企业重组业务企业所得税征收管理若干问题的公告》（国家税务总局公告2015年第48号）。

7. 政策性搬迁

（1）基本概念。由于社会公共利益的需要，在政府主导下企业进行整体搬迁或部分搬迁。企业的搬迁收入，扣除搬迁支出后的余额，为企业的搬迁所得：

国防和外交的需要；

由政府组织实施的能源、交通、水利等基础设施的需要；

由政府组织实施的科技、教育、文化、卫生、体育、环境和资源保护、防灾减灾、文物保护、社会福利、市政公用等公共事业的需要；

由政府组织实施的保障性安居工程建设的需要；

由政府依照《中华人民共和国城乡规划法》有关规定组织实施的对危房集中、基础设施落后等地段进行旧城区改建的需要；

法律、行政法规规定的其他公共利益的需要。

企业在搬迁期间发生的搬迁收入和搬迁支出，可以暂不计入当期应纳税所得额，而在完成搬迁的年度，对搬迁收入和支出进行汇总清算。企业应在搬迁完成年度，将搬迁所得计入当年度企业应纳税所得额计算纳税。

（2）享受条件。

①需要符合由于社会公共利益的需要，在政府主导下企业进行整体搬迁或部分搬迁这一要求；

②政策性搬迁过程中涉及的搬迁收入、搬迁支出、搬迁资产税务处理、搬迁所得等所得税征收管理事项，单独进行税务管理和核算；

③下列情形之一的，为搬迁完成年度，企业应进行搬迁清算，计算搬迁所得：

从搬迁开始，5年内（包括搬迁当年度）任何一年完成搬迁的；

从搬迁开始，搬迁时间满5年（包括搬迁当年度）的年度；

当年生产经营收入占规划搬迁前年度生产经营收入50%以上；

搬迁规划已基本完成；

③应当自搬迁开始年度，至次年 5 月 31 日前，向主管税务机关（包括迁出地和迁入地）报送政策性搬迁依据、搬迁规划等相关材料。逾期未报的，除特殊原因并经主管税务机关认可外，按非政策性搬迁处理。

3）备案资料。

①政府搬迁文件或公告；

②搬迁重置总体规划；

③拆迁补偿协议；

④资产处置计划；

⑤其他与搬迁相关的事项；

⑥企业搬迁完成当年的《企业政策性搬迁清算损益表》。

4）公司流程。

①财务资产部判断是否适用该税收优惠政策，并向各业务部门取得并整理符合此项税收优惠的项目资料；

②次年 5 月 31 日前，向主管税务机关（包括迁出地和迁入地）报送政策性搬迁依据、搬迁规划等相关材料进行备案；

③在年度所得税汇算清缴时享受：填报企业所得税纳税申报表 A105110 政策性搬迁纳税调整明细表享受税收优惠。

5）政策依据。国家税务总局关于发布《企业政策性搬迁所得税管理办法》的公告（国家税务总局公告 2012 年第 40 号）。

8. 符合规定的居民企业之间的股息、红利等权益性投资收益免征企业所得税

1）基本概念。符合条件的居民企业之间的股息、红利等权益性投资收益，是指居民企业直接投资于其他居民企业取得的投资收益，为免税收入，免征企业所得税。

2）享受条件。

①居民企业之间——不包括投资到"独资企业、合伙企业、非居民企业"；

②直接投资——不包括"间接投资"；

③如果被持有方是公开发行并上市的公司，必须是连续持有居民企业公开发行并上市流通的股票在一年（12 个月）以上取得的投资收益；

④权益性投资是指：为获取其他企业的权益或净资产所进行的投资。如对其他企业的普通股股票投资、为获取其他企业股权的联营投资等，均属权益性投资。企业进行这种投资是为取得对另一企业的控制权，或实施对另一个企业

的重大影响。

（3）备查资料。

①被投资企业的最新公司章程（企业在证券交易市场购买上市公司股票获得股权的，提供相关记账凭证、本公司持股比例以及持股时间超过 12 个月情况说明）；

②被投资企业股东会（或股东大会）利润分配决议或公告、分配表；

③被投资企业进行清算所得税处理的，留存被投资企业填报的加盖主管税务机关受理章的《中华人民共和国清算所得税申报表》及附表三《剩余财产计算和分配细表》复印件；

④投资收益、应收股利科目明细账或按月汇总表。

（4）公司流程。

①财务资产部根据经营情况以及判别是否符合优惠事项规定的条件，符合条件的可以按规定的时间自行计算减免税额；

②通过填报企业所得税纳税申报表 A105030 投资收益纳税调整明细表享受税收优惠；

③在次年 5 月之前按照规定归集和留存相关资料备查。

（5）政策依据。

①《中华人民共和国企业所得税法》第二十六条第（二）款；

②《中华人民共和国企业所得税法实施条例》第十七条、第八十三条。

9. 以非货币性资产对外投资确认的非货币性资产转让所得分期缴纳企业所得税

（1）基本概念。企业以非货币性资产对外投资确认的非货币性资产转让所得，可在不超过 5 年期限内，分期均匀计入相应年度的应纳税所得额，按规定计算缴纳企业所得税。

（2）享受条件。

①投资方必须是居民企业，被投资方也必须是居民企业；

②非货币性资产，指现金、银行存款、应收账款、应收票据以及准备持有至到期的债券投资等货币性资产以外的资产；

③非货币性资产投资，即可以非货币性资产出资设立新的居民企业，也可将非货币性资产注入现存的居民企业。

（3）备查资料。

①股权投资合同或协议；

②对外投资的非货币性资产（明细）公允价值评估确认报告；

③非货币性资产（明细）计税基础的情况说明；

④被投资企业设立或变更的工商部门证明材料。

4）公司流程。根据符合条件的填报《中华人民共和国企业所得税年度纳税申报表》"企业重组及递延纳税事项纳税调整明细表"其中："以非货币性资产对外投资"的相关栏目根据并向主管税务机关报送《非货币性资产投资递延纳税调整明细表》。

5）政策依据。

①财政部 国家税务总局 关于非货币性资产投资企业所得税政策问题的通知（财税〔2014〕116号）；

②《国家税务总局关于非货币性资产投资企业所得税有关征管问题的公告》国家税务总局公告2015年第33号）。

三、印花税

1. 资金账簿印花税

（1）基本概念。对按万分之五税率贴花的资金账簿减半征收印花税。

（2）享受条件。无。

（3）备查资料。无。

（4）公司流程。直接在申报印花税时享受即可。

（5）政策依据。财政部 税务总局关于对营业账簿减免印花税的通知（财税〔2018〕50号）。

2. 改制重组印花税

（1）基本概念。实行公司制改造的企业在改制过程中成立的新企业（重新办理法人登记的）或以合并或分立方式成立的新企业，其新启用的资金账簿记载的资金或因企业建立资本纽带关系而增加的资金，凡原已贴花的部分可不再贴花。

企业改制前签订但尚未履行完的各类应税合同，改制后需要变更执行主体的，对仅改变执行主体、其余条款未作变动且改制前已贴花的，不再贴花。

企业因改制签订的产权转移书据免予贴花。

（2）享受条件。无。

（3）备查资料。无。

①房屋产权证、土地使用权证；

②上级主管机关批准其改制、重组或董事会决议等证明材料；

③改制前后的投资情况的证明材料。

（4）公司流程。直接在申报印花税时享受即可。

（5）政策依据。《财政部 国家税务总局关于企业改制过程中有关印花税政策的通知》（财税〔2003〕183号）。

四、车船税

新能源汽车车船税减免

（1）基本概念。对符合条件的新能源车船，免征车船税。

（2）享受条件。

①获得许可在中国境内销售的纯电动商用车、插电式（含增程式）混合动力汽车、燃料电池商用车；

②符合新能源汽车产品技术标准；通过新能源汽车专项检测，符合新能源汽车标准；新能源汽车生产企业或进口新能源汽车经销商在产品质量保证、产品一致性、售后服务、安全监测、动力电池回收利用等方面符合相关要求；

③符合工业和信息化部 国家税务总局关于发布《享受车船税减免优惠的节约能源 使用新能源汽车车型目录（第八批）》的新能源汽车。

（3）备查资料。

①购车单位身份证明；

②车辆产权证（行驶证）；

③《享受车船税减免优惠的节约能源 使用新能源汽车车型目录（第八批）》的新能源汽车符合目录要求的资料说明。

（4）公司流程。在购置车辆时直接享受，无须缴纳车船税。

（5）政策依据。

①财政部 税务总局 工业和信息化部 交通运输部关于节能 新能源车船享受车船税优惠政策的通知（财税〔2018〕74号）第二条；

②工业和信息化部 国家税务总局关于发布《享受车船税减免优惠的节约能源 使用新能源汽车车型目录（第八批）》的公告（国家税务总局公告20□年第18号）附件1。

五、个人所得税

1. 通讯费补贴

（1）基本概念。通讯费补贴，在地方税务局规定了通讯费免税标准的，可以不征收个人所得税。

（2）享受条件。

①按照企事业单位规定取得通讯费补贴的工作人员，其单位主要负责人在每月500元额度内按实际取得数予以扣除，其他人员在每月300元额度内按实际取得数予以扣除。

（3）备查资料。单位通讯费补贴的具体方案。

（4）公司流程。

①制订单位通讯费补贴的具体方案；

②财务资产部根据员工实际发放的通讯费补贴在个人所得税申报时填写个税减免金额。

（5）政策依据。

①国家税务总局《关于个人所得税有关政策问题的通知》（国税发〔1999〕58号）；

②浙江省委办公厅、浙江省人民政府办公厅关于进一步加强党政机关工作人员通信工具管理的通知（浙委办〔2000〕99号）。

2. 生活补助、救济金

（1）基本概念。按照国家统一规定发给的补贴、津贴免纳个人所得税，具体是指按照国务院规定发给的政府特殊津贴、院士津贴，以及国务院规定免予缴纳个人所得税的其他补贴、津贴。救济金免纳个人所得税。

（2）享受条件。

①生活补助费，是指由于某些特定事件或原因而给纳税人本人或其家庭的正常生活造成一定困难，其任职单位按国家规定从提留的福利费或者工会经费中向其支付的临时性生活困难补助；

②各级人民政府民政部门支付给个人的生活困难补助费（救济金）。

（3）备查资料。个人家庭生活困难情况证明。

（4）公司流程。

①留存个人家庭生活困难情况证明；

②财务资产部办理个人所得税减免事项。

(5) 政策依据。

①《中华人民共和国个人所得税法》第四条；

②《中华人民共和国个人所得税法实施条例》第十条；

③《国家税务总局关于生活补助费范围确定问题的通知》（国税发［1998］155号）。

3. 差旅费津贴、误餐补助

(1) 基本概念。"差旅费津贴"不属于工资、薪金性质的补贴、津贴或者不属于纳税人本人工资、薪金所得项目的收入，不征个人所得税；个人因公在城区、郊区工作，不能在工作单位或返回就餐，确实需要在外就餐的，根据实际误餐顿数，按规定的标准领取的误餐费，不征个人所得税。但差旅费津贴、误餐补助名义或超规定标准发给职工的补贴、津贴，应当并入工资、薪金所得计征个人所得税。

(2) 享受条件。

①个人因公在城区、郊区工作，不能在工作单位或返回就餐，确实需要在外就餐的，根据实际误餐顿数，按规定的标准领取的误餐费；

②差旅费津贴是指不超过中央和国家机关差旅费管理办法的津贴。

(3) 备查资料。无

(4) 公司流程。

①核实员工实际误餐顿数确定领取的误餐费；

②财务资产部办理个人所得税减免事项。

(5) 政策依据。

①《国家税务总局关于印发〈征收个人所得税若干问题的规定〉的通知》（国税发［1994］89号）第二条第（二）款；

②《财政部 国家税务总局关于误餐补助范围确定问题的通知》（财税字［1995］82号）。

六、土地增值税

企业改制土地增值税

（1）基本概念。为支持企业改制重组，优化市场环境，自2018年1月1日至2020年12月31日，继续执行企业在改制重组过程中涉及的土地增值税政策。

（2）享受条件。

①非公司制企业整体改制为有限责任公司或者股份有限公司，有限责任公司（股份有限公司）整体改制为股份有限公司（有限责任公司），对改制前的企业将国有土地使用权、地上的建筑物及其附着物（以下称房地产）转移、变更到改制后的企业，暂不征土地增值税；

②两个或两个以上企业合并为一个企业，且原企业投资主体存续的，对原企业将房地产转移、变更到合并后的企业，暂不征土地增值税；

③企业分设为两个或两个以上与原企业投资主体相同的企业，对原企业将房地产转移、变更到分立后的企业，暂不征土地增值税；

④单位、个人在改制重组时以房地产作价入股进行投资，对其将房地产转移、变更到被投资的企业，暂不征土地增值税；

⑤上述改制重组有关土地增值税政策不适用于房地产转移任意一方为房地产开发企业的情形；

⑥不改变原企业投资主体、投资主体相同，是指企业改制重组前后出资人不发生变动，出资人的出资比例可以发生变动；投资主体存续，是指原企业出资人必须存在于改制重组后的企业，出资人的出资比例可以发生变动。

（3）备查/备案资料。

①房地产转移双方营业执照；

②改制重组协议或等效文件；

③相关房地产权属和价值证明；

④转让方改制重组前取得土地使用权所支付地价款的凭据（复印件）。

（4）公司流程。

①对符合条件的企业改制形式享受免征土地增值税；

②应向主管税务机关提交房地产转移双方营业执照、改制重组协议或等效

文件,相关房地产权属和价值证明、转让方改制重组前取得土地使用权所支付地价款的凭据(复印件)等书面材料。

(5)政策依据。《财政部 税务总局关于继续实施企业改制重组有关土地增值税政策的通知》(财税〔2018〕57号)。

七、契税

企业改制契税

（1）基本概念。自 2018 年 1 月 1 日起至 2020 年 12 月 31 日，对符合条件的土地、房屋权属转变免征契税。

（2）享受条件。

①非公司制企业。改制为有限责任公司或股份有限公司，有限责任公司变更为股份有限公司，股份有限公司变更为有限责任公司，原企业投资主体存续并在改制（变更）后的公司中所持股权（股份）比例超过 75%，且改制（变更）后公司承继原企业权利、义务的，对改制（变更）后公司承受原企业土地、房屋权属，免征契税；

②两个或两个以上的公司，依照法律规定、合同约定，合并为一个公司，且原投资主体存续的，对合并后公司承受原合并各方土地、房屋权属，免征契税；

③两个或两个以上的公司，依照法律规定、合同约定，合并为一个公司，且原投资主体存续的，对合并后公司承受原合并各方土地、房屋权属，免征契税；

④企业依照有关法律法规规定实施破产，债权人（包括破产企业职工）承受破产企业抵偿债务的土地、房屋权属，免征契税；对非债权人承受破产企业土地、房屋权属，凡按照《中华人民共和国劳动法》等国家有关法律法规政策妥善安置原企业全部职工规定，与原企业全部职工签订服务年限不少于三年的劳动用工合同的，对其承受所购企业土地、房屋权属，免征契税；与原企业超过 30% 的职工签订服务年限不少于三年的劳动用工合同的，减半征收契税；

⑤对承受县级以上人民政府或国有资产管理部门按规定进行行政性调整、划转国有土地、房屋权属的单位，免征契税。同一投资主体内部所属企业之间土地、房屋权属的划转，包括母公司与其全资子公司之间，同一公司所属全资子公司之间，同一自然人与其设立的个人独资企业、一人有限公司之间土地、房屋权属的划转，免征契税。母公司以土地、房屋权属向其全资子公司增资，视同划转，免征契税；

⑥经国务院批准实施债权转股权的企业，对债权转股权后新设立的公司承

受让企业的土地、房屋权属，免征契税；

⑦以出让方式或国家作价出资（入股）方式承受原改制重组企业、事业单位划拨用地的，不属上述规定的免税范围，对承受方应按规定征收契税；

⑧在股权（股份）转让中，单位、个人承受公司股权（股份），公司土地、房屋权属不发生转移，不征收契税；

⑨不改变原企业投资主体、投资主体相同，是指企业改制重组前后出资人不发生变动，出资人的出资比例可以发生变动；投资主体存续，是指原企业出资人必须存在于改制重组后的企业，出资人的出资比例可以发生变动。

3）备查/备案资料。

①房地产转移双方营业执照；

②改制重组协议或等效文件；

③相关房地产权属和价值证明；

④转让方改制重组前取得土地使用权所支付地价款的凭据（复印件）。

4）公司流程。

①对符合条件的企业改制形式享受免征契税；

②留存相关资料备查。

5）政策依据。《财政部 税务总局关于继续支持企业 事业单位改制重组有关契税政策的通知》（财税〔2018〕17号）。

八、车辆购置税

企业购置的新能源汽车免征车辆购置税

(1) 基本概念。企业购置的新能源汽车免征车辆购置税。

(2) 享受条件。

①免征车辆购置税的新能源汽车,需在《免征车辆购置税的新能源汽车车型目录》(以下简称《目录》)中;

②政策执行期限:2018 年 1 月 1 日至 2020 年 12 月 31 日。

(3) 备查资料。

①购车单位身份证明;

②车辆产权证(行驶证);

③《免征车辆购置税的新能源汽车车型目录》申请报告。

(4) 公司流程。在购置车辆时直接享受,无须缴纳车辆购置税。

(5) 政策依据。《财政部 国家税务总局 工业和信息化部 科技部关于免征新能源汽车车辆购置税的公告》(财政部 国家税务总局 工业和信息化部 科技部公告 2017 年第 172 号)第一条。

税收风险篇

一、取得发票不规范的风险

（一）实际案例

案例 1-1：A 公司在河南南阳有一工程，现向当地 B 企业租用房屋用于项目部办公，该房屋在 2016 年 4 月 30 日前取得，B 公司开具税率 5% 的增值税发票给 A 公司，但备注栏未备注房屋详细坐落地址。

案例 1-2　A 公司在舟山有一工程需用到拖船，故向 B 企业租用拖船，同时 B 公司提供驾驶员，B 公司开具税收分类编码为建筑服务，税率为 9%。B 企业开具的发票税收分类编码有误，应为运输服务。

（二）存在的风险

发票填写不规范、备注栏未备注全等不符合规定的发票属于不合规发票，若不能在规定时间内换票，则存在增值税进项不得抵扣，企业所得税不得税前扣除的风险。

（三）风险控制的方法

1. 财务部下发通知各部门取得发票注意事项，业务部应积极配合取得合规发票。
2. 财务部加强发票审核，凡是不符合规定的发票一律退回重开。

（四）政策依据

《中华人民共和国增值税暂行条例》第九条规定，纳税人购进货物、劳务、服务、无形资产、不动产，取得的增值税扣税凭证不符合法律、行政法规或者国务院税务主管部门有关规定的，其进项税额不得从销项税额中抵扣。

《国家税务总局关于全面推开营业税改征增值税试点有关税收征收管理事项的公告》（国家税务总局公告 2016 年第 23 号）规定：出租不动产和建筑安

装服务，纳税人自行开具或者税务机关代开增值税发票时，应在备注栏注明不动产的详细地址及建筑服务发生地县（市、区）名称及项目名称，否则其进项税额不得从销项税额中抵扣。

《国家税务总局关于停止使用货物运输业增值税专用发票有关问题的公告》（国家税务总局公告2015年第99号）第一条规定：增值税一般纳税人提供货物运输服务，使用增值税专用发票和增值税普通发票，开具发票时应将起运地、到达地、车种车号以及运输货物信息等内容填写在发票备注栏中，如内容较多可另附清单。

《国家税务总局关于保险机构代收车船税开具增值税发票问题的公告》（国家税务总局公告2016年第51号）规定：自2016年5月1日起，保险机构作为车船税扣缴义务人在开具增值税发票时，应在增值税发票备注栏中注明代收车船税税款信息。具体包括：保险单号、税款所属期（详细至月）、代收车船税、滞纳金、合计等。该增值税发票可作为缴纳车船税及滞纳金的会计核算原始凭证。

《国家税务总局关于发布〈企业所得税税前扣除凭证管理办法〉的公告》（国家税务总局公告2018年第28号）第五条规定：企业发生支出，应取得税前扣除凭证，作为计算企业所得税应纳税所得额时扣除相关支出的依据。

第十三条规定：企业应当取得而未取得发票、其他外部凭证或者取得不合规发票、不合规其他外部凭证的，若支出真实且已实际发生，应当在当年度汇算清缴期结束前，要求对方补开、换开发票、其他外部凭证。补开、换开后的发票、其他外部凭证符合规定的，可以作为税前扣除凭证。

第十五条规定：汇算清缴期结束后，税务机关发现企业应当取得而未取得发票、其他外部凭证或者取得不合规发票、不合规其他外部凭证并且告知企业的，企业应当自被告知之日起60日内补开、换开符合规定的发票、其他外部凭证。其中，因对方特殊原因无法补开、换开发票、其他外部凭证的，企业应当按照本办法第十四条的规定，自被告知之日起60日内提供可以证实其支出真实性的相关资料。

二、取得未按照经济业务具体类型选用适用的税率的发票的风险

（一）实际案例

案例 1-3：A 公司在 2019 年与 B 公司签订《××××电缆头制作安装技术服务》合同，合同中明确规定工作内容含 GIS 电缆头安装工作，A 公司实际取得 B 公司开具发票税率为 6% 的技术服务费发票。

（二）存在的风险

未按照经济业务具体类型选用适用的税率的发票属于不合规发票，若不能在规定时间内换票，则存在增值税进项不得抵扣，企业所得税不得税前扣除的风险。

（三）风险控制的方法

1. 合同走流程时应注意审核合同约定税率是否准确，不准确的应退回重签。
2. 业务部门收取发票时应关注发票税率是否与合同税率一致。
3. 财务部加强发票审核，凡是未按照经济业务具体类型选用适用的税率的发票一律退回重开。

（四）政策依据

《中华人民共和国增值税暂行条例》第九条规定，纳税人购进货物、劳务、服务、无形资产、不动产，取得的增值税扣税凭证不符合法律、行政法规或者国务院税务主管部门有关规定的，其进项税额不得从销项税额中抵扣。

《国家税务总局关于全面推开营业税改征增值税试点有关税收征收管理事项的公告》（国家税务总局公告 2016 年第 23 号）规定：出租不动产和建筑安

装服务，纳税人自行开具或者税务机关代开增值税发票时，应在备注栏注明不动产的详细地址及建筑服务发生地县（市、区）名称及项目名称，否则其进项税额不得从销项税额中抵扣。

《国家税务总局关于停止使用货物运输业增值税专用发票有关问题的公告》（国家税务总局公告2015年第99号）第一条规定：增值税一般纳税人提供货物运输服务，使用增值税专用发票和增值税普通发票，开具发票时应将起运地、到达地、车种车号以及运输货物信息等内容填写在发票备注栏中，如内容较多可另附清单。

《国家税务总局关于保险机构代收车船税开具增值税发票问题的公告》（国家税务总局公告2016年第51号）规定：自2016年5月1日起，保险机构作为车船税扣缴义务人在开具增值税发票时，应在增值税发票备注栏中注明代收车船税税款信息。具体包括：保险单号、税款所属期（详细至月）、代收车船税、滞纳金、合计等。该增值税发票可作为缴纳车船税及滞纳金的会计核算原始凭证。

《国家税务总局关于发布〈企业所得税税前扣除凭证管理办法〉的公告》（国家税务总局公告2018年第28号）第五条规定：企业发生支出，应取得税前扣除凭证，作为计算企业所得税应纳税所得额时扣除相关支出的依据。

第十三条规定：企业应当取得而未取得发票、其他外部凭证或者取得不合规发票、不合规其他外部凭证的，若支出真实且已实际发生，应当在当年度汇算清缴期结束前，要求对方补开、换开发票、其他外部凭证。补开、换开后的发票、其他外部凭证符合规定的，可以作为税前扣除凭证。

第十五条规定：汇算清缴期结束后，税务机关发现企业应当取得而未取得发票、其他外部凭证或者取得不合规发票、不合规其他外部凭证并且告知企业的，企业应当自被告知之日起60日内补开、换开符合规定的发票、其他外部凭证。其中，因对方特殊原因无法补开、换开发票、其他外部凭证的，企业应当按照本办法第十四条的规定，自被告知之日起60日内提供可以证实其支出真实性的相关资料。

三、基建技改工程分包结算滞后的风险

（一）实际案例

案例 1-4：A 建筑企业为一般纳税人，机构所在地为浙江杭州，2020 年在浙江宁波承接了一项工程项目，并将该项目分包给 B 建筑公司，A 企业 8 月按合同约定开具 1000 万元增值税专用发票，但 B 企业因自身原因无法当月将分包发票 800 万元开具给 A 企业，只能次月开具。A 企业 8 月在外地预缴时无法取得分包发票，在外地预缴时需缴纳增值税：$1000 \div 1.09 \times 2\% = 18.35$（万元），若能及时取得分包发票，则只需需缴纳增值税：$(1000-800) \div 1.09 \times 2\% = 3.67$（万元）。

（二）存在的风险

1. 无法及时取得分包发票，导致外地预缴时无法及时抵扣，导致多缴纳税款。
2. 违反《建筑工程施工转包违法分包等违法行为认定查处管理办法（试行）》（建市〔2014〕118 号）规定的分包或转包，导致税务风险；
3. 应当预缴之月起超过 6 个月没有预缴税款的，由机构所在地主管税务机关按照《中华人民共和国税收征收管理法》及相关规定进行处理的风险。

（三）风险控制的方法

1. 财务部与业务部应及时沟通，加强联系，互相督促及时取得分包发票。
2. 业务部门应及时与分包企业沟通，按时取得发票。

（四）政策依据

根据《建筑工程施工转包违法分包等违法行为认定查处管理办法（试行）》（建市〔2014〕118 号）第四条规定，本办法所称违法发包，是指建设单位将工程发包给不具有相应资质条件的单位或个人，或者肢解发包等违反法律法规规定的行为。

根据《国家税务总局关于发布〈纳税人跨县（市、区）提供建筑服务增值税征收管理暂行办法〉的公告》（国家税务总局公告2016年第17号）规定，纳税人跨县（市、区）提供建筑服务的，按照以下规定预缴税款：（1）一般纳税人跨县（市、区）提供建筑服务，适用一般计税方法计税的，以取得的全部价款和价外费用扣除支付的分包款后的余额，按照2%的预征率计算应预缴税款。（2）一般纳税人跨县（市、区）提供建筑服务，选择适用简易计税方法计税的，以取得的全部价款和价外费用扣除支付的分包款后的余额，按照3%的征收率计算应预缴税款。（3）小规模纳税人跨县（市、区）提供建筑服务，以取得的全部价款和价外费用扣除支付的分包款后的余额，按照3%的征收率计算应预缴税款。

根据《国家税务总局关于发布纳税人跨县（市、区）提供建筑服务增值税征收管理暂行办法的公告》（国家税务总局公告2016年第17号）第十条对跨县（市、区）提供的建筑服务，纳税人应自行建立预缴税款台账，区分不同县（市、区）和项目逐笔登记全部收入、支付的分包款、已扣除的分包款、扣除分包款的发票号码、已预缴税款以及预缴税款的完税凭证号码等相关内容，留存备查。第十二条规定："纳税人跨县（市、区）提供建筑服务，按照本办法应向建筑服务发生地主管税务机关预缴税款而自应当预缴之月起超过6个月没有预缴税款的，由机构所在地主管税务机关按照《中华人民共和国税收征收管理法》及相关规定进行处理。"

四、研发费用加计扣除享受风险

(一) 实际案例

案例 1-5：甲是一家会计核算健全、实行查账征收的居民企业，企业所得税率为 25%，2019 年立项 3 个研发项目，研发投入如下：

项目一：境内自主研发项目：2019 年甲公司实际支付费用为：人员人工费用 60 万元，直接投入费用 20 万元，其他相关费用 10 万元。该项目研发人员从事研发活动的同时从事企业日常管理，据统计，该项目研发人员 2019 年度工作总工时 1200 小时，其中日常管理活动 200 小时、研发活动 1000 小时。

解析：

1. 人员人工费用

依据《国家税务总局关于研发费用税前加计扣除归集范围有关问题的公告》（国家税务总局公告 2017 年第 40 号）第一条第三项规定："直接从事研发活动的人员、外聘研发人员同时从事非研发活动的，企业应对其人员活动情况做必要记录，并将其实际发生的相关费用按实际工时占比等合理方法在研发费用和生产经营费用间分配，未分配的不得加计扣除。"

因此，人员人工费用应按实际工时占比法在研发费用和管理费用间进行分配如下：

（1）计入研发费用的人员人工费用 = 60 × (1000 ÷ 1200) = 50（万元）
（2）计入管理费用的人员人工费用 = 60 × (200 ÷ 1200) = 10（万元）
（3）允许加计扣除的人员人工费用 = 50（万元）

2. 其他相关费用

依据《国家税务总局关于企业研究开发费用税前加计扣除政策有关问题的公告》（国家税务总局公告 2015 年第 97 号）第二条第三项规定："在计算每个项目其他相关费用的限额时应当按照以下公式计算：其他相关费用限额 =《通知》第一条第一项允许加计扣除的研发费用中的第 1 项至第 5 项的费用之和 × 10% ÷ (1 - 10%)。"

（1）项目一研发费用合计 = 人员人工费用 50 万元 + 直接投入费用 20 万元 + 其他相关费用 10 万元 = 80（万元）

（2）项目一其他相关费用限额＝（80－10）×10%÷（1－10%）＝7.78（万元）

3. 允许加计扣除的研发费用

项目一允许加计扣除的研发费用合计＝人员人工费用50万元＋直接投入费用20万元＋其他相关费用7.78万元＝77.78（万元）

项目二：委托境内关联乙公司研发项目：2019年甲公司实际支付费用给乙公司合计100万元，乙公司实际发生费用60万元。

解析：

依据《财政部　国家税务总局　科学技术部关于完善研究开发费用税前加计扣除政策的通知》（财税［2015］119号）第二条第一项规定："企业委托外部机构或个人进行研发活动所发生的费用，按照费用实际发生额的80%计入委托方研发费用并计算加计扣除，受托方不得再进行加计扣除。委托外部研究开发费用实际发生额应按照独立交易原则确定。委托方与受托方存在关联关系的，受托方应向委托方提供研发项目费用支出明细情况。"

（1）项目二允许加计扣除的委托境内研发的研发费用＝100×80%＝80（万元）

（2）加计扣除金额＝80×75%＝60（万元）

（3）乙公司应向甲公司提供实际发生费用60万元的明细情况。

（4）甲公司需留存备查相关资料。

项目三：委托境内非关联丙公司研发项目：2019年甲公司实际支付费用给丙公司合计200万元。

解析：

依据《财政部　税务总局　科技部关于企业委托境外研究开发费用税前加计扣除有关政策问题的通知》（财税［2018］64号）第一条规定："委托境外进行研发活动所发生的费用，按照费用实际发生额的80%计入委托方的委托境外研发费用。委托境外研发费用不超过境内符合条件的研发费用三分之二的部分，可以按规定在企业所得税前加计扣除。上述费用实际发生额应按照独立交易原则确定。委托方与受托方存在关联关系的，受托方应向委托方提供研发项目费用支出明细情况。"

（1）甲公司委托境外研发的研发费用＝200×80%＝160（万元）

（2）加计扣除金额＝160×75%＝120（万元）

（3）丙公司无须向甲公司提供实际发生费用的明细情况。

（4）甲公司需留存备查相关资料。

甲公司在 2019 年汇算清缴申报时享受了上述 3 个研发项目的加计扣除金额，并于 5 月 21 日申报缴纳 2019 年度企业所得税，但在 2020 年 8 月科技局通知项目三不符合"三新"（新产品、新技术、新工艺）标准，不得享受研发费用加计扣除。因此，甲公司 8 月 21 日修改 2019 年度企业所得税申报表，导致补缴企业所得税 30 万元以及滞纳金 1.36 万元。

（二）存在的风险

1. 已享受研发费用加计扣除的项目但实际不符合"三新"要求，导致不得享受，存在补缴企业所得税以及滞纳金风险。

2. 已享受研发费用加计扣除的项目备查资料不全导致无法享受，存在补缴企业所得税以及滞纳金风险。

3. 已享受研发费用加计扣除的项目会计核算不准确、人员工资未正确区分是否直接用于研发活动等原因，导致享受金额有误，在补缴企业所得税以及滞纳金风险。

（三）风险控制的方法

1. 技术部门严格把控"三新"口径：产品（服务）的常规性升级、在商品化后提供的技术支持活动、对现存产品、服务、技术、材料或工艺流程进行的重复或简单改变等不属于"三新"，不得享受研发费用加计扣除。

2. 财务部门与技术部门互相配合，取得备查资料，特别是委外项目需取得经科技行政主管部门登记的委托、合作研究开发项目的合同。

3. 技术部门应配合财务部进行研发费用会计核算，提供人员考勤记录等资料。

（四）政策依据

财政部、国家税务总局、科学技术部关于完善研究开发费用税前加计扣除政策的通知（财税〔2015〕119 号）第一条第二项规定："下列活动不适用税前加计扣除政策。

1. 企业产品（服务）的常规性升级。

2. 对某项科研成果的直接应用，如直接采用公开的新工艺、材料、装置、产品、服务或知识等。

3. 企业在商品化后为顾客提供的技术支持活动。

4. 对现存产品、服务、技术、材料或工艺流程进行的重复或简单改变。

5. 市场调查研究、效率调查或管理研究。

6. 作为工业（服务）流程环节或常规的质量控制、测试分析、维修维护。

7. 社会科学、艺术或人文学方面的研究。"

第二条规定："特别事项的处理

1. 企业委托外部机构或个人进行研发活动所发生的费用，按照费用实际发生额的80%计入委托方研发费用并计算加计扣除，受托方不得再进行加计扣除。委托外部研究开发费用实际发生额应按照独立交易原则确定。"

国家税务总局关于研发费用税前加计扣除归集范围有关问题的公告（国家税务总局公告2017年第40号）第六条规定："其他相关费用指与研发活动直接相关的其他费用，如技术图书资料费、资料翻译费、专家咨询费、高新科技研发保险费，研发成果的检索、分析、评议、论证、鉴定、评审、评估、验收费用，知识产权的申请费、注册费、代理费，差旅费、会议费，职工福利费、补充养老保险费、补充医疗保险费。"

第七条规定："其他事项

（一）企业取得的政府补助，会计处理时采用直接冲减研发费用方法且税务处理时未将其确认为应税收入的，应按冲减后的余额计算加计扣除金额。

（二）企业取得研发过程中形成的下脚料、残次品、中间试制品等特殊收入，在计算确认收入当年的加计扣除研发费用时，应从已归集研发费用中扣减该特殊收入，不足扣减的，加计扣除研发费用按零计算。

（三）企业开展研发活动中实际发生的研发费用形成无形资产的，其资本化的时点与会计处理保持一致。

（四）失败的研发活动所发生的研发费用可享受税前加计扣除政策。

（五）国家税务总局公告2015年第97号第三条所称'研发活动发生费用'是指委托方实际支付给受托方的费用。无论委托方是否享受研发费用税前加计扣除政策，受托方均不得加计扣除。

委托方委托关联方开展研发活动的，受托方需向委托方提供研发过程中实际发生的研发项目费用支出明细情况。

此类费用总额不得超过可加计扣除研发费用总额的10%。"

五、增值税电子普通发票（汽车票）客户名称为本人名字，非公司名称

（一）实际案例

案例1-6：甲企业是一家会计核算健全、实行查账征收的电力建筑企业。王某为甲公司工程部员工，8月乘大巴去舟山项目部出差，因改车次大巴车无纸质车票，需自行填写开具增值税电子发票，但王某在申请开具增值税电子发票时，客户名称直接按默认的本人姓名填写，而不是甲企业名称，王某拿该增值税电子发票在甲公司进行报销。

（二）存在的风险

存在增值税进项不得抵扣，企业所得税不得税前扣除的风险。

（三）风险控制的方法

下发通知，通知各部门：车票等增值税电子发票开具时需注意客户名称必须是本单位名称，同时纳税人识别号必须填写完整，否则不予报销。

（四）政策依据

《国家税务总局关于增值税发票开具有关问题的公告》（国家税务总局公告2017年第16号）第一条规定："自2017年7月1日起，购买方为企业的，索取增值税普通发票时，应向销售方提供纳税人识别号或统一社会信用代码；销售方为其开具增值税普通发票时，应在'购买方纳税人识别号'栏填写购买方的纳税人识别号或统一社会信用代码。不符合规定的发票，不得作为税收凭证。"

六、完工百分比法确认收入

（一）实际案例

案例1-7： 乙公司于2018年5月从甲公司处接受一项建筑工程，建设期为15个月，合同总收入600万元，至年底已收到工程款200万元，并都开具了增值税专用发票。2019年8月，乙公司被抽到稽查进点检查，稽查人员经核查以及要求甲公司协助调查后发现：

甲公司：根据乙公司开具的增值税发票以及工程进度单（33.33%）等资料入账，确认成本200万元；因此，截至年末完工进度 = 200÷600×100% = 33.33%

乙公司：根据该项目分包合同取得的发票确认成本100万元以及分包总金额500万元按照完工百分比确认完工进度 = 100÷500×100% = 20%，确认收入 = 600×20% = 120（万元）

稽查人员认为甲公司入账资料更加合理地说明了该工程的完工进度，因此以甲方完工进度为准，乙方应确认收入200万元，少确认收入80万元，需补缴企业所得税20万元以及对应的滞纳金。

（二）存在的风险

发包方与承包方确认成本与收入的完工进度不一致，那么存在补缴企业所得税与滞纳金的风险。

（三）风险控制的方法

业务部门应准确提供工程完工进度，及时取得分包发票，财务部门应根据业务部门提供资料准确核算并确认收入。

（四）政策依据

《中华人民共和国企业所得税法实施条例》（中华人民共和国国务院令第

714号）第九条规定："企业应纳税所得额的计算，以权责发生制为原则，属于当期的收入和费用，不论款项是否收付，均作为当期的收入和费用；不属于当期的收入和费用，即使款项已经在当期收付，均不作为当期的收入和费用。本条和国务院财政、税务主管部门另有规定的除外。"

《国家税务总局关于贯彻落实企业所得税法若干税收问题的通知》（国税函〔2010〕79号）第一条规定："根据《实施条例》第十九条的规定，企业提供固定资产、包装物或者其他有形资产的使用权取得的租金收入，应按交易合同或协议规定的承租人应付租金的日期确认收入的实现。其中，如果交易合同或协议中规定租赁期限跨年度，且租金提前一次性支付的，根据《实施条例》第九条规定的收入与费用配比原则，出租人可对上述已确认的收入，在租赁期内，分期均匀计入相关年度收入。"

七、报废资产未及时处理仍计提折旧

(一) 实际案例

案例1-8：甲企业是一家会计核算健全、实行查账征收的建筑企业，2012年自建取得房产A，原值600万元，按年限平均法计提折旧，每年折旧28.5万元。房产A建造时未取得建筑工程许可证，政府认定该建筑为违建，在2018年6月下达强制拆除通知，最终该房产在9月1日被强制拆除。但是因甲企业内部流程问题，A房屋一直未进行报废处理，仍在计提折旧。

(二) 存在的风险

报废资产未及时处理，一直在计提折旧会造成计提折旧无法税前扣除，存在补缴企业所得税及滞纳金的风险。

(三) 风险控制的方法

若资产已报废，资产岗应及时提起资产报废流程，及时将账上资产进行处理。

(四) 政策依据

《中华人民共和国企业所得税法》第十条规定："在计算应纳税所得额时，下列支出不得扣除：
(一) 向投资者支付的股息、红利等权益性投资收益款项；
(二) 企业所得税税款；
(三) 税收滞纳金；
(四) 罚金、罚款和被没收财物的损失；
(五) 本法第九条规定以外的捐赠支出；
(六) 赞助支出；

（七）未经核定的准备金支出；

（八）与取得收入无关的其他支出。"

第十一条"在计算应纳税所得额时，企业按照规定计算的固定资产折旧，准予扣除。

下列固定资产不得计算折旧扣除：

（一）房屋、建筑物以外未投入使用的固定资产；

（二）以经营租赁方式租入的固定资产；

（三）以融资租赁方式租出的固定资产；

（四）已足额提取折旧仍继续使用的固定资产；

（五）与经营活动无关的固定资产；

（六）单独估价作为固定资产入账的土地；

（七）其他不得计算折旧扣除的固定资产。"

八、资本化费用（软件、系统、设备）一次性计入费用

（一）实际案例

案例 1-9：甲企业是一家会计核算健全、实行查账征收的建筑企业，2019 年 12 月收到一笔可视化监控系统的发票 322 万元，直接将一次性记入"安全费"科目。2020 年 8 月被双随机抽到稽查检查，稽查认为该发票金额较大，且可视化监控系统主要由电子设备构成，应资本化，所以需补缴企业所得税 80.5 万元，同时按天计算缴纳滞纳金。

（二）存在的风险

应资本化而未资本化的支出存在补缴企业所得税及滞纳金的风险。

（三）风险控制的方法

应资本化的支出应严格按照税法规定资本化处理。

（四）政策依据

《中华人民共和国企业所得税法实施条例》第六十九条规定：企业所得税法第十三条第（三）项所称固定资产的大修理支出，是指同时符合下列条件的支出：

（一）修理支出达到取得固定资产时的计税基础 50% 以上；

（二）修理后固定资产的使用年限延长 2 年以上。

《中华人民共和国企业所得税法》第十三条第（三）项规定的支出，按照固定资产尚可使用年限分期摊销。

第七十条规定："企业所得税法第十三条第（四）项所称其他应当作为长期待摊费用的支出，自支出发生月份的次月起，分期摊销，摊销年限不得低于 3 年。"

《中华人民共和国企业所得税法实施条例》第二十八条规定:"企业发生的支出应当区分收益性支出和资本性支出。收益性支出在发生当期直接扣除;资本性支出应当分期扣除或者计入有关资产成本,不得在发生当期直接扣除。"

九、大修支出一次性计入费用

(一) 实际案例

案例 1-10：甲公司是一家会计核算健全、实行查账征收的建筑企业，2019 年对其中 1992 年取得的一幢房屋进行改造，房屋原值 56.87 万元，改造费用合计 87.23 万元，12 月直接一次性记入"修理费"科目。2020 年 4 月，该单位邀请税务师事务所进行自查，发现该笔改造费用超过资产原值 50% 以上，应予以资本化。因此，甲公司在企业所得税汇算清缴时将该笔费用纳税调增，缴纳企业所得税 21.8075 万元。

(二) 存在的风险

应资本化而未资本化的支出存在补缴企业所得税及滞纳金的风险。

(三) 风险控制的方法

应资本化的支出应严格按照税法规定资本化处理。同时在编制预算时应注意大修支出是否超过取得固定资产时的计税基础 50% 以上，若超过，则直接在报预算时将应该资本化的费用资本化，避免后期应资本化的费用因无资产卡片无法资本化。

(四) 政策依据

《中华人民共和国企业所得税法》第十三条规定：在计算应纳税所得额时，企业发生的下列支出作为长期待摊费用，按照规定摊销的，准予扣除：
(一) 已足额提取折旧的固定资产的改建支出；
(二) 租入固定资产的改建支出；
(三) 固定资产的大修理支出；
(四) 其他应当作为长期待摊费用的支出。

《中华人民共和国企业所得税法实施条例》（中华人民共和国国务院令第714号）第六十九条规定："企业所得税法第十三条第（三）项所称固定资产的大修理支出，是指同时符合下列条件的支出：

（一）修理支出达到取得固定资产时的计税基础50%以上；

（二）修理后固定资产的使用年限延长2年以上。

企业所得税法第十三条第（三）项规定的支出，按照固定资产尚可使用年限分期摊销。"

十、发票遗失风险

(一) 实际案例

案例 1-11：张某是甲公司的员工，从供应商处取得发票后，未妥善保存，将其中的抵扣联丢失。张某将丢失发票交至财务部，财务部发现发票遗失后，在电子税务局提交《发票挂失损毁报告表》，在线上对丢失发票进行处理，最终导致罚款 50 元并且纳税信用评级时扣分。

(二) 存在的风险

根据税法相关规定，丢失发票可能面临行政处罚。

(三) 风险控制的方法

编制凭证时对应的附件及时附上发票原件，以免发票在流转中造成丢失。同时与业务部门强调发票的重要性，避免发票丢失。

若发票已丢失，应于发现当日书面向发现丢失当日书面报告税务机关。办理发票挂失损毁报告需要提交《发票挂失损毁报告表》1 份。如果发票遗失、损毁且发票数量较大在报告表中无法全部反映，还应提供《挂失损毁发票清单》1 份。同时凭复印件勾选或认证并留存备查。

丢失已开具专用发票的发票联和抵扣联，可凭加盖销售方发票专用章的相应发票记账联复印件，作为增值税进项税额的抵扣凭证、退税凭证或记账凭证并留存备查。

丢失已开具专用发票的抵扣联，可凭相应发票的发票联复印件，作为增值税进项税额的抵扣凭证或退税凭证并留存备查。

丢失已开具专用发票的发票联，可将可凭相应发票的抵扣联复印件，作为记账凭证并留存备查。

(四) 政策依据

根据《中华人民共和国发票管理办法实施细则》第三十一条规定："使用

发票的单位和个人应当妥善保管发票。发生发票丢失情形时，应当于发现丢失当日书面报告税务机关。"

《国家税务总局关于增值税发票综合服务平台等事项的公告》（国家税务总局公告2020年第1号）第四条规定："纳税人同时丢失已开具增值税专用发票或机动车销售统一发票的发票联和抵扣联，可凭加盖销售方发票专用章的相应发票记账联复印件，作为增值税进项税额的抵扣凭证、退税凭证或记账凭证。

纳税人丢失已开具增值税专用发票或机动车销售统一发票的抵扣联，可凭相应发票的发票联复印件，作为增值税进项税额的抵扣凭证或退税凭证；纳税人丢失已开具增值税专用发票或机动车销售统一发票的发票联，可凭相应发票的抵扣联复印件，作为记账凭证。"

《中华人民共和国发票管理办法》第三十六条规定："跨规定的使用区域携带、邮寄、运输空白发票，以及携带、邮寄或者运输空白发票出入境的，由税务机关责令改正，可以处1万元以下的罚款；情节严重的，处1万元以上3万元以下的罚款；有违法所得的予以没收。丢失发票或者擅自损毁发票的，依照前款规定处罚。"

《国家税务总局关于发布〈税务行政处罚裁量权行使规则〉的公告》（国家税务总局公告2016年第78号）（注：国家税务总局公告2018年第33号修订）第十一条规定："法律、法规、规章规定可以给予行政处罚，当事人首次违反且情节轻微，并在税务机关发现前主动改正的或者在税务机关责令限期改正的期限内改正的，不予行政处罚。"

十一、租入资产装修/改造费一次性计入费用扣除

（一）实际案例

案例 1 – 12：甲公司是一家会计核算健全、实行查账征收的建筑企业，2018 年 3 月租入乙公司的一处房屋作为基地，租期为 5 年。甲公司对租入的房屋进行装修改造，共支出 325.82 万元，12 月收到发票，账务处理时直接记入"管理费用——修理费"科目。2019 年 8 月被双随机抽到检查，税务机关认为该费用金额较大，属于租入固定资产的改建支出，应计入长期待摊费用进行摊销，所以需补缴企业所得税 81.455 万元，同时按天计算缴纳滞纳金。

（二）存在的风险

应计入长期待摊费用的装修费/改造费一次性计入费用存在补缴企业所得税及滞纳金的风险。

（三）风险控制的方法

财务部严格控制长期待摊费用口径，应计入长期待摊费用的装修费/改造费直接计入长期待摊进行摊销。

（四）政策依据

根据《中华人民共和国企业所得税法》第十三条规定："在计算应纳税所得额时，企业发生的下列支出作为长期待摊费用，按照规定摊销的，准予扣除：（一）已足额提取折旧的固定资产的改建支出；（二）租入固定资产的改建支出；（三）固定资产的大修理支出；（四）其他应当作为长期待摊费用的支出。"

《企业所得税法实施条例》第六十八条第一款：企业所得税法第十三条第（一）项和第（二）项所称固定资产的改建支出，是指改变房屋或者建筑物结

构、延长使用年限等发生的支出。

《企业所得税法实施条例》第六十八条第二款：企业所得税法第十三条第（一）项规定的支出，按照固定资产预计尚可使用年限分期摊销；第（二）项规定的支出，按照合同约定的剩余租赁期限分期摊销。

长期待摊费用，是指企业已经支出、摊销期限在1年以上（不含1年）的各项费用。长期待摊费用尽管是一次性支出的，但与支出对应的受益期间较长，按照收入支出的配比原则，应该将该费用支出在企业的受益期间内平均摊销。

十二、无土地证的房屋未缴纳城镇土地使用税

（一）实际案例

案例 1-13：甲企业是一家会计核算健全、实行查账征收的建筑企业，在杭州市萧山城区拥有一套商品房，于 2008 年 12 月取得，房屋原值为 328 万元，房产证号为杭房萧移字第 1000001 号，房屋建筑面积为 328 平方米，未取得土地证。每年按照房屋原值在萧山区申报缴纳土地使用税，土地使用税未缴纳。2020 年 5 月，需划转资产至母公司乙公司，去办理产权过户时发现该房产一直未缴纳土地使用税，需先补交 2008—2020 年的土地使用税后方可过户。按实际使用土地面积 159 平方米、10 元/平方米标准计算，需补缴土地使用税 1.9 万元，同时按天 0.05% 标准计算缴纳滞纳金。

（二）存在的风险

房屋无论是否取得土地证，只要实际使用土地且不在农村范围内的，就需要缴纳土地使用税，否则存在补税及缴纳滞纳金的风险。

（三）风险控制的方法

财务部根据综合服务中心每年年底提供的房产、土地清单进行核对后，应对无土地证房屋重点关注，向综合服务中心取得实际使用土地面积并进行申报缴纳土地使用税。

（四）政策依据

《中华人民共和国城镇土地使用税暂行条例》第二条规定，在城市、县城、建制镇、工矿区范围内使用土地的单位和个人，为城镇土地使用税的纳税人，应当依照本条例的规定缴纳城镇土地使用税；第三条规定城镇土地使用税以纳税人实际占用的土地面积为计税依据，依照规定税额计算征收。

国家税务总局《关于未办理土地使用权证转让土地有关税收问题的批复》（国税函〔2007〕645号）规定，对有偿使用未办理土地使用权属证书的土地，只要土地使用者享有占有、使用、收益或处分该土地的权利，且有合同等证据表明其实质转让、抵押或置换了土地并取得了相应的经济利益，土地使用者及其双方当事人应当依照税法规定缴纳土地增值税、契税等相关税收。

十三、线下合同未及时反馈至财务部导致少缴印花税

（一）实际案例

案例 1-14：甲企业是一家会计核算健全、实行查账征收的建筑企业，每月财务部按照办公室从经法系统导出来的合同清单计提印花税。2020年经自查，发现2019年线下合同共有400万元未计提缴纳印花税，需补缴印花税0.25万元。

（二）存在的风险

线下合同未及时归集至财务部，会导致少交印花税的风险。

（三）风险控制的方法

每年6月28日，12月28日前，办公室应将未走经发系统的合同统一按合同清单模板（详见印花税计税流程）统一提交于财务，财务根据合同清单计提并申报缴纳印花税。

（四）政策依据

《中华人民共和国印花税暂行条例》（中华人民共和国国务院令第588号）第一条规定：在中华人民共和国境内书立、领受本条例所列举凭证的单位和个人，都是印花税的纳税义务人（以下简称纳税人），应当按照本条例规定缴纳印花税。

《中华人民共和国印花税暂行条例施行细则》（财税字［1988］第255号）第十七条规定：同一凭证，因载有两个或者两个以上经济事项而适用不同税目税率，如分别记载金额的，应分别计算应纳税额，相加后按合计税额贴花；如未分别记载金额的，按税率高的计税贴花。

十四、跨期支出一次性计入成本

(一) 实际案例

案例 1-15：甲公司是一家会计核算健全、实行查账征收的建筑企业。2019 年 7 月从乙企业租用一处办公楼用于办公，租期从 2019 年 7 月 1 日至 2020 年 6 月 30 日，合同约定 7 月一次性支付租金 300 万元。7 月 20 日，乙公司开具 300 万的增值税专用发票给甲公司，甲公司支付款项后根据发票直接记入"生产成本——租赁费"科目。

解析：

根据税法相关规定，不属于当期的收入和费用，即使款项已经在当期收付，均不作为当期的收入和费用，所以该房屋租赁费应按照权责发生制原值，分月计入费用，当年可计入 150 万元，剩余 150 万元应先记入"预付账款"科目，等次年再进行结转。

(二) 存在的风险

提前确认成本，当年税前不得列支，补缴企业所得税风险。

(三) 风险控制的方法

1. 签订合同的时候应以一个自然年度为界限，分次支付并取得发票。
2. 财务部应关注合同约定内容，看是否是跨期成本，若是，则按权责发生制计入成本。剩余费用先记入"预付账款"科目，等次年再进行摊销。

(四) 政策依据

《中华人民共和国企业所得税法实施条例》第九条规定：企业应纳税所得额的计算，以权责发生制为原则，属于当期的收入和费用，不论款项是否收付，均作为当期的收入和费用；不属于当期的收入和费用，即使款项已经在当期收付，均不作为当期的收入和费用。

国家税务总局公告 2012 年第 15 号《国家税务总局关于企业所得税应纳税所得额若干税务处理问题的公告》规定：对企业发现以前年度实际发生的、按照税收规定应在企业所得税前扣除而未扣除或者少扣除的支出，企业做出专项申报及说明后，准予追补至该项目发生年度计算扣除，但追补确认期限不得超过 5 年。

十五、关联方交易风险

（一）实际案例

案例 1-15：甲公司是国有大型集团的母公司。2018 年 5 月，甲公司启动了一项大型软件工程研发项目——A 信息系统。A 信息系统总投资 5000 万元，由甲公司委托集团内子公司乙公司进行开发。A 信息系统共包含 11 个功能模块，2019 年年底开始试运行，2020 年推广到集团范围。在 A 信息系统开发过程中，所有支出均由甲公司负担并列支，而在 A 信息系统逐步试运行乃至推广使用时，甲公司却并未向其子公司收取任何费用。甲公司作为母公司，不仅承担了系统开发的职能，而且也承担了本应由集团内企业共同承担的开发费用。

（二）存在的风险

在增值税方面，母（子）公司软件系统、专利成果等无偿提供集团内部其他公司使用，或低价向其他公司提供货物服务等均可能涉及增值税。例如，上述案例中，A 信息系统的推广使用，虽然未收取相应费用，按照增值税条例规定，将自产、委托加工或购进的货物无偿赠送其他单位或个人的应视同销售，应按销售软件产品征收增值税。

在企业所得税方面，根据企业所得税法规定，企业与其关联方之间的业务往来，应符合独立交易原则母（子）公司软件系统、专利成果等无偿提供集团内部其他公司使用，或低价向其他公司提供货物服务等，该关联交易明显不符合独立交易原则。

（三）风险控制的方法

涉及关联方交易时，应遵循独立交易原则，按公允价值签订合同。同时，准确填写《中华人民共和国企业年度关联业务往来报告表》。

（四）政策依据

《中华人民共和国企业所得税法》第四十一条规定，企业与其关联方之间的业务往来，不符合独立交易原则而减少企业或者其关联方应纳税收入或者所得额的，税务机关有权按照合理方法调整。

第四十四条规定，企业不提供与其关联方之间业务往来资料，或者提供虚假、不完整资料，未能真实反映其关联业务往来情况的，税务机关有权依法核定其应纳税所得额。

第四十八条规定，税务机关依照本章规定作出纳税调整，需要补征税款的，应当补征税款，并按照国务院规定加收利息。

《国家税务总局关于母子公司间提供服务支付费用有关企业所得税处理问题的通知》（国税发〔2008〕86号）第五条规定：母公司为其子公司提供各种服务而发生的费用，应按照独立企业之间公平交易原则确定服务的价格，作为企业正常的劳务费用进行税务处理。

十六、食堂对外经营收入（搭伙费）的风险

（一）实际案例

例1-17：甲是一家会计核算健全、实行查账征收的电力建筑企业，为方便员工就餐，设立了一处食堂，甲公司员工及外包人员一同在食堂就餐，其中外包人员采取自行充值方式在食堂就餐消费（搭伙）。

（二）存在的风险

甲公司食堂对外经营比如收取搭伙费方式的属于销售服务，存在补缴增值税及企业所得税的风险。

（三）风险控制的方法

食堂对外经营应及时缴纳增值税及企业所得税。

（四）政策依据

《财政部　国家税务总局关于全面推开营业税改征增值税试点的通知》（财税〔2016〕36号）附件1：《营业税改征增值税试点实施办法》第一条规定：在中华人民共和国境内（以下称境内）销售服务、无形资产或者不动产（以下称应税行为）的单位和个人，为增值税纳税人，应当按照本办法缴纳增值税。

《中华人民共和国企业所得税法》第六条规定：企业以货币形式和非货币形式从各种来源取得的收入，为收入总额。包括：（一）销售货物收入；（二）提供劳务收入；（三）转让财产收入；（四）股息、红利等权益性投资收益；（五）利息收入；（六）租金收入；（七）特许权使用费收入；（八）接受捐赠收入；（九）其他收入。

十七、对外赠送宣传用品风险

（一）实际案例

例1-18：A公司2018年3月购入一批雨伞用于宣传用，向参加会议的人员每人发放一把雨伞，金额为2000元，增值税税率为3%。2020年7月被抽到税务稽查，稽查人员认为A公司购入雨伞无偿赠送他人增值税应视同销售，应补缴增值税58.25元及滞纳金；A公司在年会、座谈会、庆典以及其他活动中向本单位以外的个人赠送礼品，应由扣缴义务人按个人礼品收入额为应纳税所得额代扣代缴税款，按照"偶然所得"项目计算缴纳个人所得税，应补缴个人所得税388.35元。

（二）存在的风险

存在补缴增值税及个人所得税的风险。

（三）风险控制的方法

对外赠送宣传用品应视同销售，在当期增值税申报表"未开具发票"一列填写相关数据并缴纳增值税，同时按"偶然所得"20%的税率代扣代缴个人所得税。

（四）政策依据

《中华人民共和国增值税暂行条例实施细则》（财政部国家税务总局第50号令）第四条规定，将自产、委托加工或者购进的货物无偿赠送其他单位或者个人视同销售货物。

《财政部 税务总局关于个人取得有关收入适用个人所得税应税所得项目的公告》（财政部税务总局公告2019年第74号）规定，企业在业务宣传、广告等活动中，随机向本单位以外的个人赠送礼品（包括网络红包），以及企业在年会、座谈会、庆典以及其他活动中向本单位以外的个人赠送礼品（企业赠送的具有价格折扣或折让性质的消费券、代金券、抵用券、优惠券等礼品除外），应由扣缴义务人按个人礼品收入额为应纳税所得额代扣代缴税款，按照"偶然所得"项目计算缴纳个人所得税。

十八、政策性搬迁收入未备案风险

（一）实际案例

例1-19：甲公司是一家会计核算健全、实行查账征收的建筑企业。2019年7月因城市规划的需要，与当地政府签订搬迁补偿协议，需搬迁一处房屋。合同约定：搬迁补偿总额为1000万元（其中，对被征用资产价值的补偿800万元，因搬迁、安置而给予的补偿100万元，对停产停业形成的损失而给予的补偿60万元，其他补偿收入40万元）；2019年8月18日收到第一笔搬迁款500万元；2020年2月3日办理资产交接手续，并支付余款。但甲公司在2020年进行2019年度企业所得税汇算请假之前未进行备案，同时又按政策性搬迁处理，当年未确认收入。2020年8月，该单位被抽到检查，发现该笔收入搬迁收入未备案但按照政策性搬迁处理（当年未确认收入）。税务机关认为，因该笔搬迁收入未备案，不符合国家税务总局公告2012年第40号的条件，应按非政策性搬迁处理，当期确认收入，应补缴企业所得税125万元及相对应的滞纳金。

（二）存在的风险

政策性搬迁应在次年汇算清缴前向主管税务机关提交资料备案，否则按政策性搬迁处理存在补缴企业所得税的风险。

（三）风险控制的方法

应当自搬迁开始年度，至次年5月31日前，向主管税务机关（包括迁出地和迁入地）报送政策性搬迁依据、搬迁规划等相关材料进行备案。

（四）政策依据

《企业政策性搬迁所得税管理办法》（国家税务总局公告2012年第40号）

第二十二条规定，企业应当自搬迁开始年度，至次年 5 月 31 日前，向主管税务机关（包括迁出地和迁入地）报送政策性搬迁依据、搬迁规划等相关材料。逾期未报的，除特殊原因并经主管税务机关认可外，按非政策性搬迁处理，不得执行本办法的规定。

第二十三条规定，企业应向主管税务机关报送的政策性搬迁依据、搬迁规划等相关材料，包括：（一）政府搬迁文件或公告；（二）搬迁重置总体规划；（三）拆迁补偿协议；（四）资产处置计划；（五）其他与搬迁相关的事项。

十九、关联方房租收入偏低风险

（一）实际案例

例1-20：甲公司是一家会计核算健全、实行查账征收的送变电公司。2018年12月31日，将位于某市的一处房屋（2016年4月30日前取得）出租给系统内某集体企业乙公司。双方约定租赁期限为3年，房屋5320平方米，租金按每月3元/平方米收取，2019年共收取租金191520元。2020年7月，该单位被抽到税务检查，税务机关认为，同类同地段租金为每月5元/平方米，低于市场价20%又无正当理由，按市场价核定租金收入319200元。应补缴增值税6080元，房产税14592元，企业所得税26752元以及滞纳金。

（二）存在的风险

收取关联方租金偏低，不符合独立交易原则且计税依据偏低无正当理由的，存在被税务机关核定收入，补缴增值税、房产税、企业所得税以及滞纳金的风险。

（三）风险控制的方法

在对外出租房屋时请第三方中介机构进行评估，从而确认租金。

（四）政策依据

《中华人民共和国企业所得税法》第四十一条规定，企业与其关联方之间的业务往来，不符合独立交易原则而减少企业或者其关联方应纳税收入或者所得额的，税务机关有权按照合理方法调整。

第四十四条规定，企业不提供与其关联方之间业务往来资料，或者提供虚假、不完整资料，未能真实反映其关联业务往来情况的，税务机关有权依法核定应纳税所得额。

《税收征管法》第三十五条第一款规定，纳税人有下列情形之一的，税务机关有权核定其应纳税额：（六）纳税人申报的计税依据明显偏低，又无正当理由的。

二十、行政区划变更房产税、土地使用税风险

（一）实际案例

例 1-21：甲公司是一家会计核算健全、实行查账征收的企业。甲公司 1998 年取得的一处房屋坐落于××村，2018 年，因城市规划需要，将该村的行政区域划分为县城。但财务部一直按照原有的台账进行申报，认为该处房产位于农村，不适于房产税及土地使用税的缴纳范围内。2020 年 5 月，甲单位上级机关组织事务所对甲公司进行税务自查，发现该问题，自行补缴该房屋 2018—2019 年的房产税、土地使用税以及滞纳金。

（二）存在的风险

行政区划变更导致原先无须缴纳的房产现在需要缴纳房产税及土地使用税。

（三）风险控制的方法

财务部在计提房产税及土地使用税时应及时与办公室沟通，确认房屋所在地是否为农村，进而判断是否需要缴纳。

（四）政策依据

《中华人民共和国房产税税暂行条例》（中华人民共和国国务院令第 588 号）第一条规定："房产税税在城市、县城、建制镇和工矿区征收。"

《城镇土地使用税暂行条例》第二条规定，在城市、县城、建制镇、工矿区范围内使用土地的单位和个人，为城镇土地使用税（以下简称土地使用税）的纳税人，应当依照本条例的规定缴纳土地使用税。

二十一、换证未及时变更信息导致土地使用税风险

（一）实际案例

例 1-22：甲公司是一家会计核算健全、实行查账征收的企业。甲公司 1998 年取得的一处土地土地使用证面积为 4394.23 平方米，2019 年土地使用证面积变更为不动产产权证，不动产产权证土地面积为 4403.45 平方米。财务部 2019 年仍按原有面积缴纳土地使用税。2020 年 5 月，甲单位上级机关组织事务所对甲公司进行税务自查，发现该问题，对差额部分土地部分面积缴纳土地使用税及滞纳金。

（二）存在的风险

权证变更，土地占地面积发生变化，但申报时仍按照原土地面积进行申报，导致少交土地使用税的税收风险。

（三）风险控制的方法

后勤部门及时将换证的的土地信息传递至财务部。

（四）政策依据

《城镇土地使用税暂行条例》第三条规定，土地使用税以纳税人实际占用的土地面积为计税依据，依照规定税额计算征收。

前款土地占用面积的组织测量工作，由省、自治区、直辖市人民政府根据实际情况确定。

二十二、无偿为员工提供服务

(一) 实际案例

例 1-23：某公司将自有房屋租赁给员工，每月从员工工资中扣除房屋租金，同时根据该租金金额在增值税申报表申报缴纳增值税。

(二) 存在的风险

公司将自有房屋租赁给员工，并收取租金的行为属于非经营活动的情形，不缴纳增值税，存在多缴纳增值税的风险。

(三) 风险控制的方法

财务部需关注无偿为员工提供的服务属于非经营活动的情形，无须缴纳增值税。

(四) 政策依据

《营业税改征增值税试点实施办法》（财税〔2016〕36号附件1）第十条规定，销售服务、无形资产或者不动产，是指有偿提供服务、有偿转让无形资产或者不动产，但属于下列非经营活动的情形除外：
(一) 行政单位收取的同时满足以下条件的政府性基金或者行政事业性收费。
1. 由国务院或者财政部批准设立的政府性基金，由国务院或者省级人民政府及其财政、价格主管部门批准设立的行政事业性收费；
2. 收取时开具省级以上（含省级）财政部门监（印）制的财政票据；
3. 所收款项全额上缴财政。
(二) 单位或者个体工商户聘用的员工为本单位或者雇主提供取得工资的服务。
(三) 单位或者个体工商户为聘用的员工提供服务。
(四) 财政部和国家税务总局规定的其他情形。

二十三、政策处理费风险

（一）实际案例

例1-24：某电力建筑公司接收位于A地的某项变电站工程，在工程前期，需要经过几户农户的土地，其中的植被遭到破坏，电力建筑公司按照A按照当地青苗补偿费标准进行赔偿，共需支付农户18000元。电力建筑公司在支付农户相应赔偿费后未与农户签订合同，未取得收据以及身份证复印件。

解析：按照税法规定，电力建筑企业应取得合同协议、支出依据、付款凭证等留存备查，以证实税前扣除凭证的真实性，同时收款方为个人的，应取得收据作为凭据，收款凭证应载明收款单位名称、个人姓名及身份证号、支出项目、收款金额等相关信息。

（二）存在的风险

存在资料不全导致企业所得税无法税前扣除的风险。

（三）风险控制的方法

业务部门对接各部门、个人需按要求取得各项资料。

（四）政策依据

国家税务总局关于发布《企业所得税税前扣除凭证管理办法》的公告（国家税务总局公告2018年第28号）第七条规定，企业应将与税前扣除凭证相关的资料，包括合同协议、支出依据、付款凭证等留存备查，以证实税前扣除凭证的真实性。

第九条规定，企业在境内发生的支出项目属于增值税应税项目（以下简称"应税项目"）的，对方为已办理税务登记的增值税纳税人，其支出以发票（包括按照规定由税务机关代开的发票）作为税前扣除凭证；对方为依法无须办理税务登记的单位或者从事小额零星经营业务的个人，其支出以税务机关代开的发票或者收款凭证及内部凭证作为税前扣除凭证，收款凭证应载明收款单位名称、个人姓名及身份证号、支出项目、收款金额等相关信息。

第十条规定，企业在境内发生的支出项目不属于应税项目的，对方为单位的，以对方开具的发票以外的其他外部凭证作为税前扣除凭证；对方为个人的，以内部凭证作为税前扣除凭证。

企业在境内发生的支出项目虽不属于应税项目，但按税务总局规定可以开具发票的，可以发票作为税前扣除凭证。

二十四、资产划转风险

(一) 实际案例

例 1-25：某市电力公司于 2016 年出资 7500 万元取得工业用地 A 地块，共计占地 38.7 亩，用于计量中心项目，该电力公司已将上述土地按无形资产入账。计量中心项目经国家电网文件批复同意，由省公司下属全资子公司某综合服务公司负责出资建设，已于 2019 年 6 月竣工并投运。现根据工作安排，市电力公司将 A 地块及计量中心项目整体划转至省公司。

根据相关规定，市电力公司将 A 地块及计量中心项目整体划转至省公司应缴纳增值税，由市电力公司按增值税率 9% 开具增值税专用发票给省公司，省公司可作进项税额抵扣。

市电力公司将 A 地块及计量中心项目整体划转至省公司符合特殊性税务的，免缴企业所得税，但须至税务机关备案。

市电力公司将 A 地块及计量中心项目整体划转至省公司应缴纳土地增值税，按照评估价确认增值额并缴纳土地增值税。

市电力公司将 A 地块及计量中心项目整体划转至省公司免征增值税。

(二) 存在的风险

资产划转增值税需视同销售，存在少缴纳增值税的风险。不动产划转土地增值税无法免税，需按评估价缴纳土地增值税的风险。

(三) 风险控制的方法

资产划转时开具增值税发票，涉及不动产划转时应至不动产所在地税务机关缴纳相关税费。

(四) 政策依据

《中华人民共和国增值税暂行条例实施细则》（财政部令第 65 号）第四条

第八款的规定，将自产、委托加工或者购进的货物无偿赠送其他单位或者个人，视同销售。

《营业税改征增值税试点实施办法》（财税〔2016〕36号附件1）第十四条第（二）项的规定，单位或者个人向其他单位或者个人无偿转让无形资产或者不动产，视同销售不动产，但用于公益事业或者以社会公众为对象的除外。因此，公司内部资产划转应视同销售。

《财政部 国家税务总局关于促进企业重组有关企业所得税处理问题的通知》（财税〔2014〕109号）第三条规定：对100%直接控制的居民企业之间，以及受同一或相同多家居民企业100%直接控制的居民企业之间按账面净值划转股权或资产，凡具有合理商业目的、不以减少、免除或者推迟缴纳税款为主要目的，股权或资产划转后连续12个月内不改变被划转股权或资产原来实质性经营活动，且划出方企业和划入方企业均未在会计上确认损益的，可以选择按以下规定进行特殊性税务处理：

1. 划出方企业和划入方企业均不确认所得。

2. 划入方企业取得被划转股权或资产的计税基础，以被划转股权或资产的原账面净值确定。

3. 划入方企业取得的被划转资产，应按其原账面净值计算折旧扣除。

《中华人民共和国土地增值税暂行条例》（国务院令第138号）第二条规定，转让国有土地使用权、地上的建筑物及其附着物（以下简称转让房地产）并取得收入的单位和个人，为土地增值税的纳税义务人（以下简称纳税人），应当依照本条例缴纳土地增值税。

《中华人民共和国土地增值税暂行条例实施细则》（财法字〔1995〕6号）第二条规定，条例第二条所称的转让国有土地使用权、地上的建筑物及其他附着物并取得收入，是指以出售或者其他方式有偿转让房地产的行为。不包括以继承、赠与方式无偿转让房地产的行为。

《财政部、国家税务总局关于土地增值税一些具体问题规定的通知》（财税字〔1995〕48号）第四条规定：细则所称的赠与是指如下情况：（一）房产所有人，土地使用权所有人将房屋产权、土地使用权赠与直系亲属或承担直接赡养义务人的。（二）房产所有人，土地使用权所有人通过中国境内非营利的社会团体、国家机关将房屋产权、土地使用权赠与教育、民政和其他社会福利、公益事业的。上述社会团体是指中国青少年发展基金会、希望工程基金会、宋庆龄基金会、减灾委员会、中国红十字会、中国残疾人联合会、全国老年基金会、老区促进会以及经民政部门批准成立的其他非营利的公益性组织。

《财政部 税务总局关于继续支持企业 事业单位改制重组有关契税政策的通知》（财税〔2018〕17号）第六条的规定，同一投资主体内部所属企业之间土地、房屋权属的划转，免征契税。

二十五、处置使用过的固定资产、废旧物资适用税率有误

（一）实际案例

例1-26：某电力建筑公司2020年1月将2013年4月购入的报废汽车出售给汽车回收公司，按照13%的税率申报缴纳增值税。

解析：出售2013年8月1日前取得的汽车，可适用简易计税依照3%征收率减按2%缴纳增值税。

（二）存在的风险

适用税率错误导致多缴或者少缴增值税。

（三）风险控制的方法

正确区分使用过的固定资产、废旧物资的适用税率，特别是汽车的适用税率。

（四）政策依据

《财政部 国家税务总局关于部分货物适用增值税低税率和简易办法征收增值税政策的通知》（财税〔2009〕9号）第二条规定，（一）纳税人销售自己使用过的物品，按下列政策执行：一般纳税人销售自己使用过的属于条例第十条规定不得抵扣且未抵扣进项税额的固定资产，按简易办法依4%征收率减半征收增值税。

一般纳税人销售自己使用过的其他固定资产，按照《财政部 国家税务总局关于全国实施增值税转型改革若干问题的通知》（财税〔2008〕170号）第四条的规定执行。

一般纳税人销售自己使用过的除固定资产以外的物品，应当按照适用税率

征收增值税。

《财政部 国家税务总局关于简并增值税征收率政策的通知》(财税〔2014〕57号)第一条规定,《财政部国家税务总局关于部分货物适用增值税低税率和简易办法征收增值税政策的通知》(财税〔2009〕9号)第二条第(一)项和第(二)项中"按照简易办法依照4%征收率减半征收增值税"调整为"按照简易办法依照3%征收率减按2%征收增值税"。

《财政部 国家税务总局关于在全国开展交通运输业和部分现代服务业营业税改征增值税试点税收政策的通知》(财税〔2013〕37号)附件2:交通运输业和部分现代服务业营业税改征增值税试点有关事项的规定:二、原增值税纳税人〔指按照《中华人民共和国增值税暂行条例》(以下称《增值税暂行条例》)缴纳增值税的纳税人〕有关政策:2.原增值税一般纳税人自用的应征消费税的摩托车、汽车、游艇,其进项税额准予从销项税额中抵扣,此项规定按照文件要求是从8月1日开始,8月1号起单位购买的自用轿车可以抵进项税额,但必须取得有防伪税控系统开具的机动车销售统一发票,不是防伪税控系统开具的机动车销售统一发票是不能认证抵扣的,税率是17%。

二十六、甲供工程认定

（一）实际案例

例1-27：某电力建筑企业公司承接工程项目，合同约定材料甲供，公司选择了简易计税方法，按3%的税率开具发票。但在工程实际建设中有部分辅材甲方无法提供，需由甲方公司提供，辅材占比比较小。

解析：根据税法相关规定，甲供工程把握以下要点：

第一，不分新老项目，合同或者招标文件只要有甲供条款，工程承包方均可选用简易计税方法。

第二，甲供比例没有限制，即无论发包方甲供比例高低，均属于甲供工程。

第三，甲供的对象既包括设备、材料，也包括动力，常见的动力为电力。

第四，工程发包方既包括通常为房地产企业的建设方，也包括通常为施工企业的总包方。

（二）存在的风险

适用税率错误导致多缴或者少缴增值税。

（三）风险控制的方法

业务部门正确判别甲供工程的范围，及时与财务部门进行沟通。

（四）政策依据

《营业税改征增值税试点有关事项的规定》（财税［2016］36号附件2）第一条第（七）款第2项规定：一般纳税人为甲供工程提供的建筑服务，可以选择适用简易计税方法计税。甲供工程是指全部或部分设备、材料、动力由工程发包方自行采购的建筑工程。

二十七、EPC 项目风险

(一) 实际案例

例 1-28：某电力建筑企业公司承接工程项目，与 A 公司签订一份 EPC 合同。合同约定：总价款 1300 万元，其中包含设计、采购、施工部分。

解析：该 EPC 合同属于兼营合同，能分别核算适用不同税率或者征收率的销售额，可按分别核算的设计、采购、施工金额分别开具 6%、9% 的发票，若无法区分的，则从高适用税率开具发票。

(二) 存在的风险

适用税率有误，导致少缴纳增值税；合同签订有误，导致多缴纳增值税。

(三) 风险控制的方法

在 EPC 合同中，要划分 EPC 合同总价款的构成，分别列示设计、设备、施工价款金额，以及各项价款的支付进度。

(四) 政策依据

《营业税改征增值税试点实施办法》（财税〔2016〕36 号附件 1）第三十九条规定：纳税人兼营销售货物、劳务、服务、无形资产或者不动产，适用不同税率或者征收率的，应当分别核算适用不同税率或者征收率的销售额；未分别核算的，从高适用税率。

二十八、竣工决算后开具红票外地预缴税款处理

（一）实际案例

例 1-29：某电力建筑企业公司承接工程项目，2017 年与 A 公司签订一份建筑施工合同，合同约定工程款暂定为 1500 万元。2017—2019 年期间甲公司按照工程进度收取款项开具增值税发票。2019 年工程工期已结束，截至 2019 年 12 月 31 日，已开具发票 1405 万元，并已至项目所在地税务机关预缴相关税费。2020 年 6 月完成决算竣工，竣工决算金额为 1307 万元。2020 年 6 月开具增值税红字发票 98 万元。但红字发票开具后未到项目所在地退还红字发票对应的税费。

（二）存在的风险

竣工决算后开具红票未到项目所在地退增值税导致多交税款。

（三）风险控制的方法

依据国税总局对于跨区域异地多预缴地方税费答复可知，在哪里预缴的税费就在哪办理退税，那么，依据国税总局的答复口径，企业在建筑服务经营地多预缴了增值税，则到建筑服务经营地办理退税；企业在机构所在地多预缴了增值税，则到机构所在地办理退税，即多预缴的增值税须在预缴地办理退税。因此，竣工决算后开具的红票应至预缴地办理退税。

（四）政策依据

《2019 年减税降费政策答复汇编》（国家税务总局）
141. 跨区域经营的增值税小规模纳税人异地所缴地方税费如何退税？
跨区域经营的增值税小规模纳税人享受地方税费减半优惠时存在的问题，企业在业务发生地报验后预缴申报附加税时未享受减征优惠，回到注册地申报

时由于报验地未享受优惠，但实际应享受，造成注册地申报正常填写数据后在申报表"本期应补（退）税（费）额"处形成负数多缴，存在多缴税款的退税应注册地退税还是申请报验地退税？

答：应申请报验地退税。原则是在哪儿交，就在哪儿退。

二十九、购进货物、劳务、服务用于简易计税工程未按比例计算进项税额转出风险

(一) 实际案例

例1-30：某电力建筑企业公司为一般纳税人，对外承接各项工程。2019年11月共开具发票3204.32万元，其中一般计税项目开具2440.32万元，销项税额219.6288万元；老项目开具362.43万元，销项税额10.8729万元；甲供项目开具401.57万元，销项税额12.0471万元。本月进项税额合计263.24万元，其中属于老项目及加工项目对应分包工程款进项税额53.23万元，无法区分用于一般纳税项目或者简易计税项目进项税额21.69万元。

解析：属于老项目及加工项目对应分包工程款进项税额53.23万元无法抵扣进项税额；无法区分用于一般纳税项目或者简易计税项目进项税额21.69万元进项税额应按简易计税收入占当月收入的比例转出，应进项转出$(362.43+401.57)÷3204.32×21.69=5.17$（万元），本期应纳增值税37.7088万元。

(二) 存在的风险

存在少缴纳增值税的风险。

(三) 风险控制的方法

兼营简易计税方法计税项目、免征增值税项目而无法划分不得抵扣的进项税额按照比例进行进项税额转出并登记完整台账。

(四) 政策依据

《营业税改征增值税试点实施办法》（财税〔2016〕36号附件1）第二十

九条规定:适用一般计税方法的纳税人,兼营简易计税方法计税项目、免征增值税项目而无法划分不得抵扣的进项税额,按照下列公式计算不得抵扣的进项税额:

不得抵扣的进项税额 = 当期无法划分的全部进项税额 ×(当期简易计税方法计税项目销售额 + 免征增值税项目销售额)÷ 当期全部销售额

三十、直接发放农民工工资，取得发票税率的风险

（一）实际案例

例1-31：某电力建筑企业公司为一般纳税人，承接某项建筑工程的总包工程，将总包的部分工程分包给A公司，2020年7月根据《保障农民工工资支付条例》直接通过农民工专用账户发放农民工工资约200万元。A公司认为农民工工资属于提供人力管理资源服务，开具6%税率的发票。

解析：尽管总包直接向农民工发放工资，但实际这是工程款的一部分，应按照9%的税率或者简易计税税率3%开具，适用一般计税项目的，取得9%税率的发票，适用简易计税项目的，取得3%税率的发票。

（二）存在的风险

发票税率不正确导致无法抵扣增值税以及企业所得税税前扣除的风险。

（三）风险控制的方法

根据相关规定，由总包方直接向农民工支付工资，但该款项实际是工程款，应取得。

（四）政策依据

《保障农民工工资支付条例》（第724号国务院令）第二十六条规定，施工总承包单位应当按照有关规定开设农民工工资专用账户，专项用于支付该工程建设项目农民工工资。

第二十九条规定，建设单位应当按照合同约定及时拨付工程款，并将人工费用及时足额拨付至农民工工资专用账户，加强对施工总承包单位按时足额支付农民工工资的监督。

因建设单位未按照合同约定及时拨付工程款导致农民工工资拖欠的，建设

单位应当以未结清的工程款为限先行垫付被拖欠的农民工工资。

建设单位应当以项目为单位建立保障农民工工资支付协调机制和工资拖欠预警机制，督促施工总承包单位加强劳动用工管理，妥善处理与农民工工资支付有关的矛盾纠纷。发生农民工集体讨薪事件的，建设单位应当会同施工总承包单位及时处理，并向项目所在地人力资源社会保障行政部门和相关行业工程建设主管部门报告有关情况。

开设、使用农民工工资专用账户有关资料应当由施工总承包单位妥善保存备查。

三十一、房产税、土地使用税未到房产、土地所在地缴纳风险

（一）实际案例

例1-32：甲公司是一家会计核算健全、实行查账征收的企业，主管税务机关为A区税务局。甲公司2006年取得位于B市的一处房屋，2018年换取不动产权证，房屋面积683.43平方米，占地面积193.43平方米。甲公司自取得房产开始在A去税务局缴纳房产税及土地使用税。2019年甲将该处资产划转至其母公司乙公司，办理产权过户时税局认为未缴纳房产税及土地使用税，应补缴相关税费后方可办理过户手续。因此，甲公司在B市缴纳自房产取得次月至2019年的房产税、土地使用税以及滞纳金，在A区税务局对房产缴纳的房产税及土地使用税申请退税。

（二）存在的风险

未到房屋所在地税务机关缴纳房产税/土地使用税存在补缴房产税/土地使用税的风险。

（三）风险控制的方法

严格按照房屋、土地所在地区划分税源地，至房产、土地所在地的税务机关缴纳房产税及土地使用税。

（四）政策依据

《中华人民共和国房产税暂行条例》（中华人民共和国国务院令第588号）第九条规定，房产税由房产所在地的税务机关征收。

《中华人民共和国城镇土地使用税暂行条例》（中华人民共和国国务院令第709号）第十条规定，土地使用税由土地所在地的税务机关征收。土地管理机关应当向土地所在地的税务机关提供土地使用权属资料。

三十二、未及时更新房产、土地台账，导致少缴纳税款风险

（一）实际案例

例1-33：甲公司是一家会计核算健全、实行查账征收的企业。2018年9月根据合同约定取得位于A市的一处土地（未缴纳耕地占用税），面积3482平方米，甲公司计划在该土地上建造生产基地，计划于2018年11月开工。2018年、2019年因该权证未传递至财务部门，该土地均未缴纳土地使用税。

解析：根据税法相关规定，应由受让方从合同约定交付土地时间的次月起缴纳城镇土地使用税，所以，甲公司应自2018年10月开始缴纳该处地块的土地使用税，存在补缴土地使用税的税收风险。

（二）存在的风险

未及时更新房产、土地台账，导致少缴纳房产税及土地使用税风险。

（三）风险控制的方法

业务部门应及时向财务部门提供新取得的土地或者房屋的信息。

（四）政策依据

《关于房产税若干具体问题的解释和暂行规定》（财税地字〔1986〕第8号）第十九条规定，关于新建的房屋如何征税：

纳税人自建的房屋，自建成之次月起征收房产税。

纳税人委托施工企业建设的房屋，从办理验收手续之次月起征收房产税。

纳税人在办理验收手续前已使用或出租、出借的新建房屋，应按规定征收房产税。

《国家税务总局关于房产税、城镇土地使用税有关政策规定的通知》（国税发〔2003〕89号）第二条规定，关于确定房产税、城镇土地使用税纳税义务发生时间问题：

（一）购置新建商品房，自房屋交付使用之次月起计征房产税和城镇土地使用税。

（二）购置存量房，自办理房屋权属转移、变更登记手续，房地产权属登记机关签发房屋权属证书之次月起计征房产税和城镇土地使用税。

（三）出租、出借房产，自交付出租、出借房产之次月起计征房产税和城镇土地使用税。

《国家税务总局关于房产税、城镇土地使用税有关政策规定的通知》（国税发〔2003〕89号）第二条的规定，购置新建商品房，自房屋交付使用之次月起计征房产税和城镇土地使用税；购置存量房，自办理房屋权属转移，登记机关签发房屋权属证书之次月起计征房产税和城镇土地使用税。

《财政部　国家税务总局关于房产税城镇土地使用税有关政策的通知》（财税〔2006〕186号）第二条规定，关于有偿取得土地使用权城镇土地使用税纳税义务发生时间问题：

以出让或转让方式有偿取得土地使用权的，应由受让方从合同约定交付土地时间的次月起缴纳城镇土地使用税；合同未约定交付土地时间的，由受让方从合同签订的次月起缴纳城镇土地使用税。

三十三、部分自用、部分出租的房屋房产税缴纳风险

(一) 实际案例

例1-34：某电力建筑企业公司为一般纳税人，其名下拥有位于A市的一处办公楼。2018年7月，将其中一部分面积出租给系统内的单位乙公司，租期为2018年7月至2019年7月，租金于2019年3月一次性收取并开具房租发票。因业务部门未及时将房屋出租信息传递至财务部，导致2018年该处房屋按年按照从价缴纳房产税。2019年3月按照房屋租金从租缴纳房产税，同时未取得出租部分房屋的面积，因此财务遵从谨慎性原则，取最小值认定为出租房屋的面积，剩余面积按照从价缴纳房产税。

(二) 存在的风险

未正确划分自用及出租面积导致多缴或者少缴房产税。

(三) 风险控制的方法

加强与后勤部门、办公室的沟通，准确获取自用与出租房产分割面积。

(四) 政策依据

《中华人民共和国房产税暂行条例》（国发〔1986〕90号）第三条规定：房产税依照房产原值一次减除10%—30%后的余值计算缴纳。具体减除幅度，由省、自治区、直辖市人民政府规定。没有房产原值作为依据的，由房产所在地税务机关参考同类房产核定。房产出租的，以房产租金收入为房产税的计税依据。第四条规定：房产税的税率，依照房产余值计算缴纳的，税率为1.2%；依照房产租金收入计算缴纳的，税率为12%。

三十四、企业重组过程中涉及产权变更的，未及时办理产权变更手续，导致少缴房产税、土地使用税风险

（一）实际案例

例 1-35：某电力建筑企业公司是一家会计核算健全、实行查账征收的企业，位于 A 市，2003 年吸收合并位于 B 市的一家乙公司，吸收合并基准日为 7 月 31 日，乙公司名下拥有位于 B 市的 2 处房产。2003 年 8 月进行账务处理，将乙公司账务统一合并转移至甲公司，同时资产按账面净值计入乙公司固定资产。乙公司于 9 月底完成税务及工商注销，但未办理房产权证变更。2019 年，该电力建筑企业进行自查时发现位于 B 市的 2 处资产存在未缴纳房产税及土地使用税的情况。按照税法规定，产权所有人、经营管理单位、承典人、房产代管人或者使用人应作为房产税的纳税义务人，缴纳房产税及土地使用税。因此，产权证未变更不是不缴纳房产税及土地使用税的理由。

（二）存在的风险

企业吸收合并过程中，被吸收合并方已经进行账务处理，账务上将房屋等不动产转移至合并方，被吸收方注销，但未及时进行权证变更，导致账上空有资产，同时未缴纳房产税、土地使用税，导致少缴房产税、土地使用税风险。

（三）风险控制的方法

企业在重组中需要涉及权证变更的及时进行权证变更，并及时缴纳房产税、土地使用税。

（四）政策依据

《中华人民共和国房产税暂行条例》（国发〔1986〕90 号）第二条规定：

房产税由产权所有人缴纳。产权属于全民所有的,由经营管理的单位缴纳。产权出典的,由承典人缴纳。产权所有人、承典人不在房产所在地的,或者产权未确定及租典纠纷未解决的,由房产代管人或者使用人缴纳。前款列举的产权所有人、经营管理单位、承典人、房产代管人或者使用人,统称为纳税义务人(以下简称纳税人)。

三十五、框架合同印花税风险

(一) 实际案例

例1-36：甲企业是一家会计核算健全、实行查账征收的电力建筑企业，该单位财务资产部按照办公室提供的台账进行印花税计提工作。2019年8月，该公司被抽到稽查进点检查，稽查人员经核查后发现：该电力建筑企业印花税台账中框架合同均未缴纳印花税，要求企业自行检查补税。最终，该企业补缴了框架合同印花税3.1万元及对应的滞纳金。

(二) 存在的风险

框架合同在计提印花税时未按照实际发生额计提导致少交印花税风险。

(三) 风险控制的方法

财务资产部在计提印花税时注意框架性协议在签订时先按定额5元贴花，结算后再按实际金额计缴印花税。

(四) 政策依据

《关于印花税若干具体问题的规定》(国税地字［1988］25号) 第四条规定，有些技术合同、租赁合同等，在签订时不能计算金额的，如何贴花？

有些合同在签订时无法确定计税金额，如技术转让合同中的转让收入，是按销售收入的一定比例收取或是按实现利润分成的；财产租赁合同，只是规定了月（天）租金标准而却无租赁期限的。对这类合同，可在签订时先按定额五元贴花，以后结算时再按实际金额计税，补贴印花。

三十六、工会活动支出直接计入差旅费

（一）实际案例

例1-37：甲公司是一家会计核算健全、实行查账征收的电力建筑企业。李某为甲公司员工，2020年9月，李某将参加省公司运动会的支出直接在差旅费中报销，报销流程完成后直接将该支出记入"管理费用——差旅费"科目。

解析：李某参加运动会发生的支出属于员工文体活动支出，应在工会经费中列支，而不是直接列支在差旅费中。

（二）存在的风险

工会活动支出直接计入差旅费属于与收入无关的支出，存在企业所得税前不得扣除的风险。

（三）风险控制的方法

工会活动支出直接在工会经费中列支。

（四）政策依据

《基层工会经费收支管理办法》第八条第二款：基层工会可以用会员会费组织会员观看电影、文艺演出和体育比赛等，开展春游秋游，为会员购买当地公园年票。

《中华人民共和国企业所得税法》（中华人民共和国主席令第二十三号）第十条规定，在计算应纳税所得额时，下列支出不得扣除：

（八）与取得收入无关的其他支出。

附录一：增值税发票综合服务平台发票抵扣指南

一、发票勾选

1. 发票抵扣勾选

（1）勾选状态选择"未勾选"，根据需要输入或选择相关查询条件，然后点击"查询"按钮，则在勾选操作区显示符合查询条件的发票，如图附－1所示。

图附－1

（2）选择勾选的发票后，系统会将有效税额转变为可编辑状态（如图附－2所示），系统默认的有效税额为发票税额，用户可修改并输入实际发生的有效税额，输入的有效税额大于零但小于或等于发票税额，该张发票的剩余税额（税额——有效税额）则自动构成不抵扣，无须在"发票不抵扣勾选"界面勾选。

（3）确认本次需要勾选的发票全部勾选完成后，点击"提交"按钮，弹出勾选认证信息对话框如图附-3所示。

图附-2

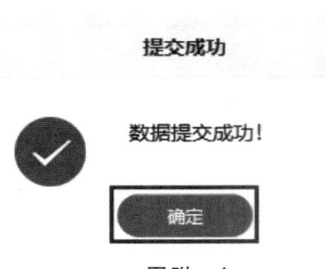

图附-3

（4）确认无误后点击"确定"按钮即可将本次勾选的操作进行保存处理，提交成功将出现如图附-4所示。

图附-4

2. 本征收期结束后将逾期发票勾选

（1）登录平台时，若有本征收期结束后将逾期的发票，平台首页右下方会弹出提示框，如图附-5所示。

图附-5

（2）鼠标点击具体发票份数，可跳转到发票勾选界面，即将逾期的发票会以黄色背景高亮显示，如图附-6，图附-7所示。

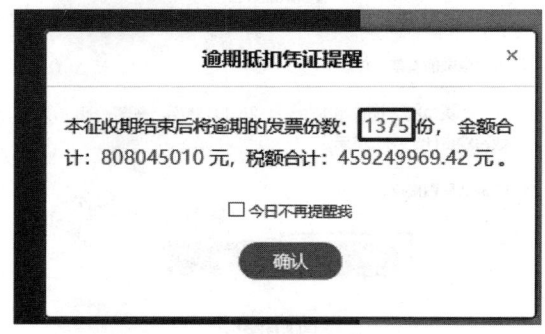

图附-6

图附-7

（3）除了通过首页跳转到发票勾选页面外，也可点击"更多查询条件"选择是否为本征收期后逾期发票，选择"是"或"全部"都会显示本征收期后逾期发票，如图附－8，图附－9所示。

图附－8

图附－9

（4）点击☐勾选，系统会将有效税额转变为可编辑状态（如图附－10所示）。系统默认的有效税额为发票税额，用户可修改并输入实际发生的有效税额。输入的有效税额大于零但小于或等于发票税额，该张发票的剩余税额（税额——有效税额）则自动构成不抵扣，无须在"发票不抵扣勾选"界面勾选。

图附－10

（5）确认本次需要勾选的发票全部勾选完成后，点击"提交"按钮，弹出勾选认证信息对话框如图附－11所示。

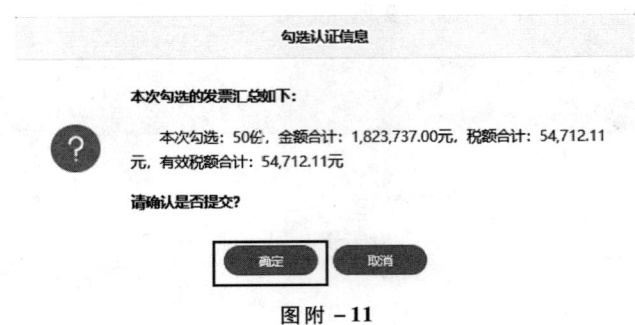

图附－11

（6）确认无误后点击"确定"按钮即可将本次勾选的操作进行保存处理，提交成功将出现，如图附－12所示。

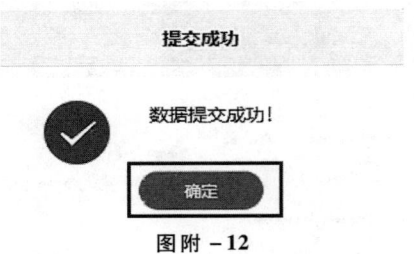

图附－12

3. 发票撤销勾选

（1）勾选状态选择"已勾选"，在查询条件区，选择勾选日期的范围，点击"查询"按钮，可查询当前税款所属期已勾选的发票，如图附－13所示。

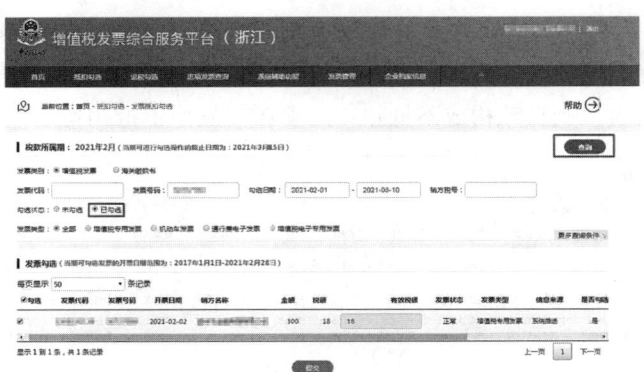

图附－13

（2）对查询出的已勾选发票，选中一张勾选标志为"已勾选"的发票，可单击第一列的勾选状态，实现对前次勾选操作的撤销处理（处理完成该发票，该发票就转变为未勾选状态），如图附-14所示。

图附-14

（3）确认本次需要勾选的发票全部撤销勾选完成后，点击"提交"按钮，弹出撤销勾选信息对话框如图附-15所示。

图附-15

（4）确认信息无误点击"确定"按钮，保存修改，即可实现发票的撤销勾选，如图附-16所示。

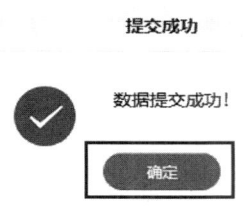

图附-16

4. 查看发票明细信息

在列出发票的操作列，点击"查看明细信息"，可查看该发票明细信息，发票明细信息主要展示销方信息和发票状态信息，如图附－17 所示。

图附－17

发票明细信息页面包括该发票的销方信息和违法违章信息，销方信息具体如图附－18 所示。

图附－18

点击发票状态信息按钮可切换到发票状态信息内容，包括流转状态和管理状态信息，具体如图附－19 所示。

5. 注意

在申报期内，对当期的勾选和撤销勾选操作在未进行申请统计前有效，如需继续勾选，需要撤销统计才能执行此操作，否则会看到如图附－20 提示。

附录一：增值税发票综合服务平台发票抵扣指南

图附-19

图附-20

二、发票批量勾选认证

1. 发票批量抵扣勾选

（1）在勾选标志选项中，选择"未勾选"选项后，用户可以对开票日期范围、销方税号进行设置，完成设置后，点击"查询"按钮，如图附-21所示。

图附-21

（2）数据汇总情况表格里看到符合筛选条件的未勾选发票汇总信息，如图附-22所示。

图附-22

(3) 在数据汇总情况表格里汇总的未勾选发票,在操作栏点击"全部勾选"可实现对上述发票的全部在线勾选,如图附-23所示。

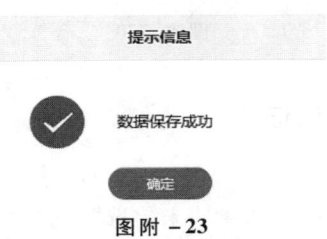

图附-23

(4) 提交成功后点击"确定"按钮,在批量勾选日志表里可以看到本次批量勾选的汇总信息,如图附-24所示。

图附-24

二. 发票批量抵扣撤销勾选

1）在勾选标志选项中，选择"已勾选"选项后，用户可以对勾选日期范围或销方税号进行设置，完成设置后，点击"查询"按钮，如图附－25所示。

图附－25

（2）数据汇总情况表格里看到符合筛选条件的已勾选发票汇总信息，如图附－26所示。

图附－26

（3）在数据汇总情况表格里汇总的已勾选发票，在操作栏点击"全部撤销"可实现对上述全部发票的在线取消勾选（即发票状态变为未勾选状态）操作，如图附－27所示。

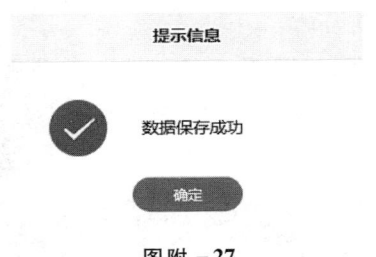

图附-27

（4）数据提交成功后点击"确定"按钮，系统会以红色字体标识出最近一次的日志记录，如图附-28所示。

图附-28

三、抵扣勾选统计

（一）当前属期数据统计

1. 发票统计表

当前属期数据统计报表类型包括"发票统计表"和"异常发票统计表"，通过选择报表类型"发票统计表"、"异常发票统计表"来实现不同类型报表的统计查询。

（1）申请统计。如果当前税款属期还未生成统计报表，您可点击"申请统计"按钮进行统计，如图附-29所示。

申请统计提交后实时统计。在申报期内点击"申请统计"后，系统将锁定当期抵扣勾选操作，如需继续勾选，可点击"撤销统计"按钮，撤销成功后系统将自动解锁当期抵扣勾选操作。

图附-29

（2）统计查询。点击"统计查询"按钮，如果统计完成，则会出现如图附-30所示。

图附-30

（3）撤销统计。在当前税款属期内，支持多次申请统计和撤销统计操作。当期抵扣勾选操作被锁定后，如需继续勾选，可点击"撤销统计"按钮，撤销成功后系统将自动解锁当期抵扣勾选操作，如图附-31所示。

图附-31

撤销统计提交成功,系统如图附-32所示。

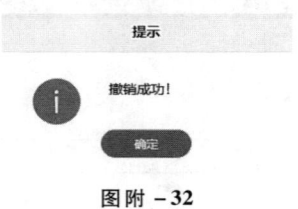

图附-32

(4)确认签名。统计完成后,需对统计表进行签名确认,方可进行当期的抵扣申报工作,点击"确认签名"按钮后,系统会弹出提示信息对话框,"是否确认,确认后当前统计报表将作为申报的依据",点击提示信息对话框中"确定"按钮,如图附-33所示。

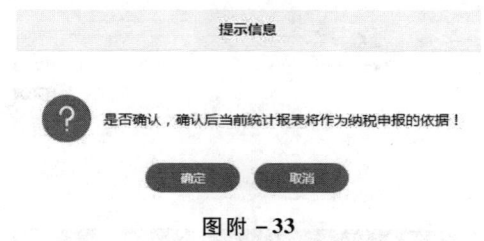

图附-33

系统会要求用户再次输入证书密码(需要插盘)进行用户身份的再次确认,如图附-34所示。

图附-34

输入正确的证书密码,会弹出"确认成功"提示框,点击"确定"按钮即可,如图附-35所示。

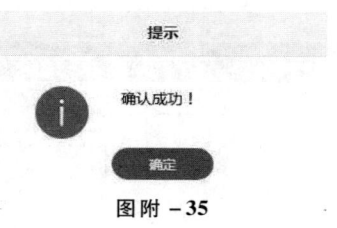

图附-35

（5）打印。用户可以通过点击申报抵扣发票统计表右上方的"打印"按钮，连接本地打印机对统计表进行打印操作，如图附-36所示。

图附-36

（6）勾选明细查询及导出。签名确认成功后，可对本期的认证数据进行查询和导出，如图附-37所示。

图附-37

2. 异常发票统计表

选择"当前属期数据统计"，报表类型选择"异常发票统计表"，系统返回当前属期的异常发票统计表。页面下方展示异常发票清单（如图附-38所示）。

图附-38

(二) 历史属期数据统计

点击"历史属期数据统计"按钮，可浏览历史所属期的发票统计表和异常发票统计表，支持对明细数据的查询和下载。选择税款所属期和报表类型后，就可显示该期的发票统计表或异常发票统计表，如图附-39所示。

图附-39

附录二：个税专项附加扣除规定及个税 APP 操作指南

1. 确认专项附加扣除

根据《国家税务总局关于发布〈个人所得税专项附加扣除操作办法（试行）〉的公告》（国家税务总局公告 2018 年第 60 号）第九条规定：纳税人次年要由扣缴义务人继续办理专项附加扣除的，应当于每年 12 月份对次年享受项附加扣除的内容进行确认，并报送至扣缴义务人。纳税人未及时确认的，扣缴义务人于次年 1 月起暂停扣除，待纳税人确认后再行办理专项附加扣除。如图附－40 所示。

自然纳税人可登录"个人所得税"APP 或者"自然人办税服务平台"Web 端进行确认。

（1）打开"个人所得税"－【常用业务】区块－专项附加扣除填报。

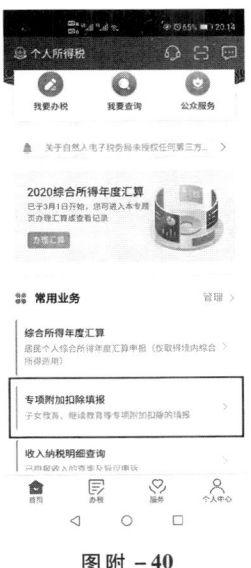

图附－40

（2）如果需要查看记录，可以点击"我要查询""专项附加扣除信息查询"—切换年度查看、修改、作废填报记录，如图附-41所示。

图附-41

2. 个人所得税年度汇算清缴

场景1（简易申报）：居民个人在纳税年度内取得的综合所得收入额未超过6万元且已预缴税款，可通过简易申报申请退税，如图附-42所示。

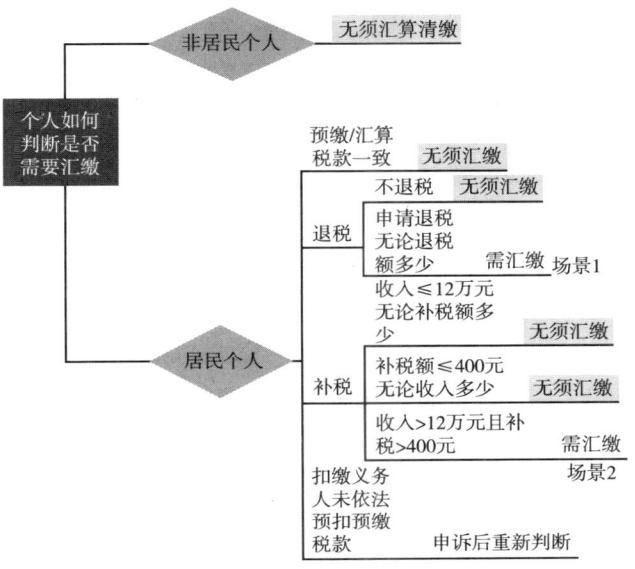

图附-42

场景2(标准申报):居民个人2020年度综合所得年收入额超过6万元时,可以在3月1日至6月30日内,通过标准申报办理年度汇算。居民个人取得境外所得的,请到办税服务厅办理。

使用手机APP端申报,您可以从以下入口进入年度汇算:

从首页的【常用业务】区块的【综合所得年度汇算】进入;

或从【办税】菜单进入后,点击在【税费申报】下的【综合所得年度汇算】,如图附-43所示。

图附-43

进入场景1（简易申报）程序，如图附-44所示。

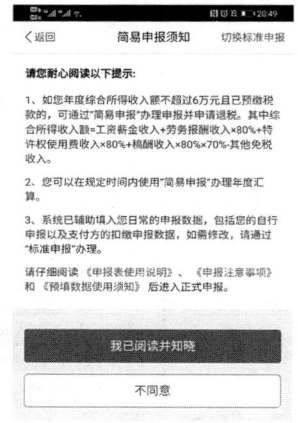

图附-44

步骤一：确认申报表信息

（一）核实个人基础信息、汇缴地、查询收入明细数据，确认已缴税额，如图附-45所示。

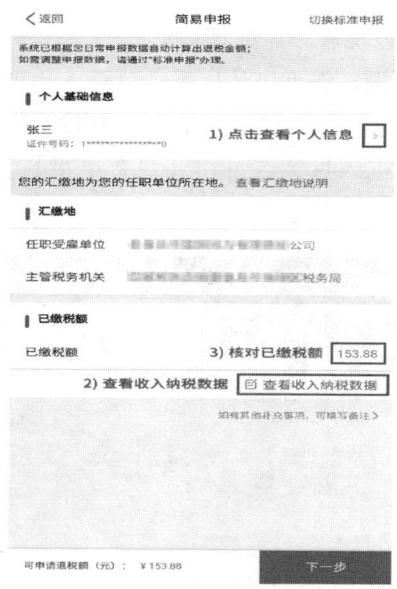

图附-45

若确认申报数据无误，可跳过第（二）步直接提交申报，进入【申请退税】。

（二）进行申诉

如未取得该笔收入，可发起申诉，申诉后，该收入将暂不并入年度汇算，如图附-46 所示。

图附-46

申诉环节，要特别注意，首先与扣缴义务人核实，再发起申诉，如图附-47 所示。

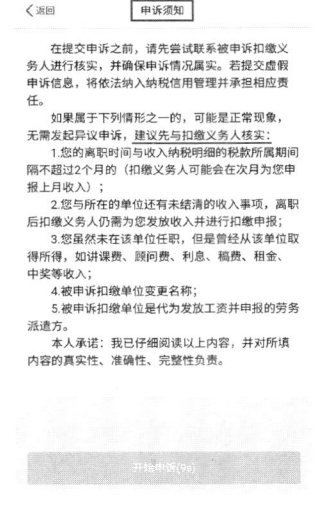

图附-47

3. 步骤二：申请退税

在申报提交完成页面上，选择【申请退税】，如图附-48 所示。

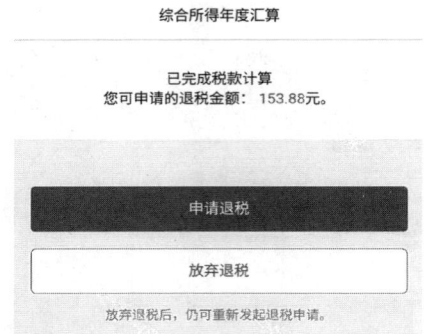

图附-48

进入银行卡选择界面,会自动带出添加过的银行卡。也可以点击【添加银行卡信息】,如图附-49所示。

图附-49

选择银行卡后提交退税申请,可以看到退税申请进度,如图附-50所示。

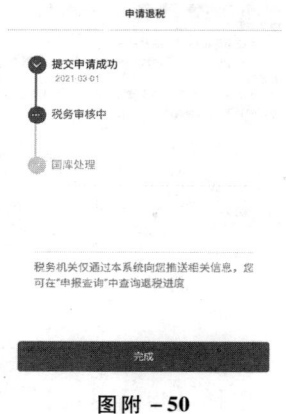

图附-50

上述操作完成后,可对已提交的信息进行查询,如图附-51所示。

图附-51

4. 更正与作废

可通过【我要查询】-【申报查询（更正/作废申报）】，查看已申报情况。若发现申报有误，状态为税务审核中的申报记录，需点击【撤销退税】后，【更正】或【作废】，如图附-52所示。

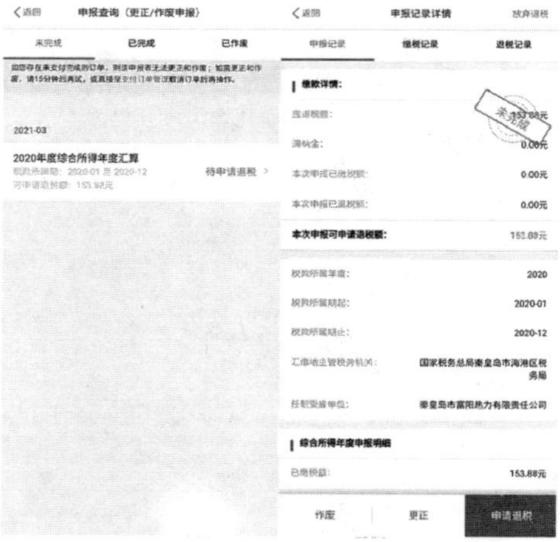

图附-52

进入场景2（标准申报）程序：

选择申报表预填服务

进入申报界面，选择【我需要申报表预填服务】，如图附-53所示。

图附-53

（1）确认基本信息。基本信息页面支持修改"电子邮箱、联系地址"信息。选择本次申报的汇缴地，如图附-54所示。

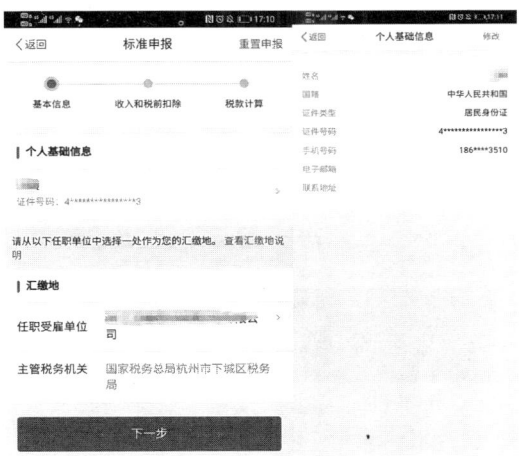

图附-54

（2）生成和确认申报表信息。系统将自动归集您在纳税年度的收入纳税数据［工资薪金、劳务报酬（保险营销员、证券经纪人）、特许权使用费所得］，并直接预填至相应申报栏次。其他劳务报酬和稿酬所得的填报，见本场景填报方式第三步中的【新增劳务报酬或稿酬】，如图附-55所示。

您可点击对应项目，进入详情界面核对：

图附-55

若您确认申报数据无误，可跳过【③修改申报表信息】步骤，直接提交申报进行缴款或退税。

（3）修改申报表信息。若您需要修改已预填的申报数据，可修改对应明细表或附表。

数据1：收入数据完善。

在收入列表界面，您可分所得项目，进行收入的【新增】和【修改】。如您认为某条收入信息非本人取得，可进行【申诉】、【删除】。操作后，相应收入均不纳入年度汇算，如图附-56所示。

附录二：个税专项附加扣除规定及个税 APP 操作指南　　**193**

图附 – 56

数据 2：全年一次性奖金设置。

年度汇算时，如您选择将全年一次性奖金合并至综合所得计税的，或者有多笔全年一次性奖金的，可通过【奖金计税方式选择】进行设置，如图附 – 57 所示。

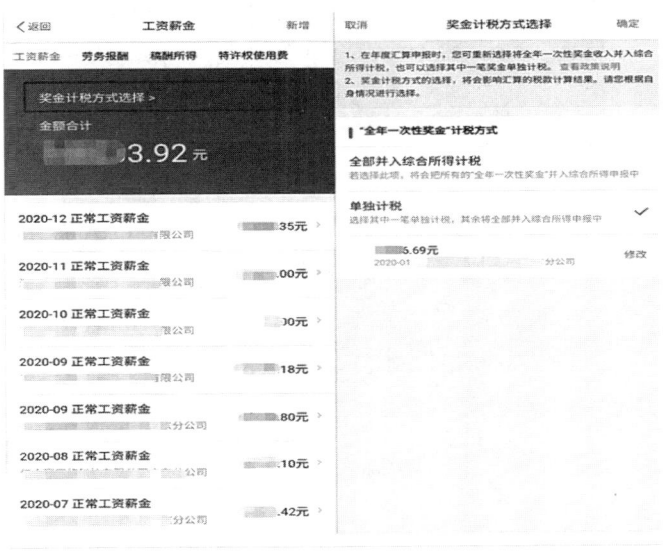

图附 – 57

新增劳务报酬或稿酬可在对应列表明细界面，点击【新增】，选择【查询导入】，在查询结果界面勾选相应收入后可代入，如图附-58所示。

图附-58

数据3：完善扣除信息。

点击除专项附加扣除之外的明细数据可进入对应详情界面，您可进行【新增】、【修改】、【删除】、【申诉】等操作，步骤同收入数据完善一致。

①专项附加扣除。若您需要新增或修改专项附加扣除信息，可点击【新增】，跳转至采集界面。采集完成后，可选择跳转回年度汇算继续填报，如图附-59所示。

图附-59

②专项扣除（三险一金）。在专项扣除列表界面，您可分项目进行新增和修改，如图附-60所示。

附录二：个税专项附加扣除规定及个税 APP 操作指南   195

图附 –60

③商业健康险（税收递延养老保险）。在其他扣除明细列表界面，您可点击【商业健康险】、【税收递延养老保险】页面，分别进行新增和修改，如图附 –61 所示。

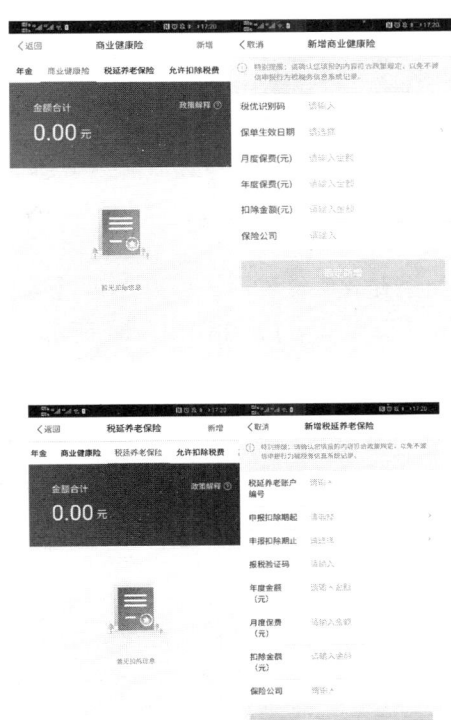

图附 –61

④准予扣除的捐赠额。在准予扣除的捐赠额列表界面，您可进行新增和修改，如图附 –62 所示。

图附-62

新增捐赠额后,可点击【调整金额】设置您要在综合所得中扣除的金额,如图附-63所示。

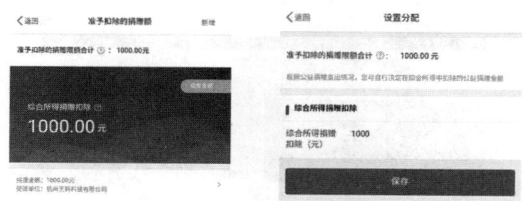

图附-63

(4)税款计算。如您有减免税事项,可以点击【减免税额】新增相关信息。确认结果后,点击【提交申报】,如图附-64所示。

图附-64

（5）缴纳税款或申请退税。若您收入不足 12 万元且有应补税额，或者收入超出 12 万元但应补税额≤400 元，申报提交后无须缴款。

①缴税。若您存在应补税额但不符合免于申报，可点击【立即缴税】进入缴税，如图附 - 65 所示。

图附 - 65

选择相应的缴税方式，完成支付。

若暂不缴款可以选择【返回首页】或【查看申报记录】，后续可再次进行缴款，如图附 - 66 所示。

图附 - 66

②申请退税。若您存在多缴税款，可点击【申请退税】，如图附 - 67 所示。

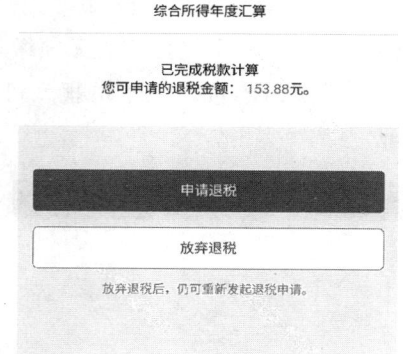

图附 – 67

进入银行卡选择界面，会自动带出添加好的银行卡。可以点击【添加银行卡信息】，如图附 – 68 所示。

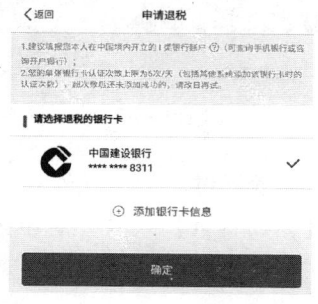

图附 – 68

选择银行卡后提交退税申请，可以看到退税申请进度，如图附 – 69 所示。

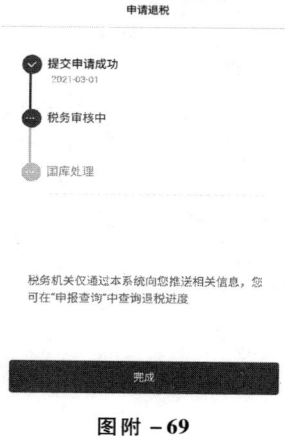

图附 – 69

如果您的银行卡不在身边，或者暂时不想退税，可以点击【暂不处理，返回首页】。后续可再次发起退税申请，如图附-70所示。

图附-70

（6）更正与作废。您可通过【查询】-【申报查询(更正/作废申报)】-【申报详情】查看已申报情况。若您发现申报有误，可点击【更正】或【作废】，如图附-71所示。

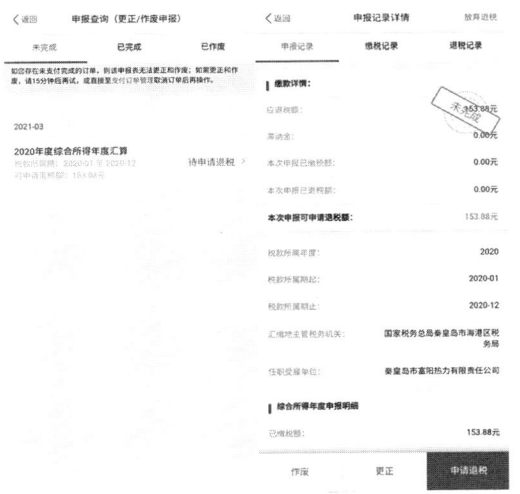

图附-71

后 记

  电力建筑企业具有工程项目繁多、资产规模庞大、经济业务复杂、管理模式多样等特点，导致涉税业务相对复杂，税务管理要求较高。同时随着税收征管趋于严格，税收稽查持续发力，税收政策不断推陈出新致使税务风险突出。因此，编写本书的目的为进一步提升财务人员的工作能力及工作效率，有效防范税务风险，充分享受税收优惠政策，提高企业税务管理水平。

  编入本手册的政策文件，截止日期为2020年11月，日后如有更新，则以新发文件为准。本书在编写过程中，以电力建筑企业业务为核心，以各个税种为脉络，全面梳理公司的日常经营业务，从基本税务篇、税收优惠篇、税收风险篇三个角度着手，全面梳理各类涉税事项，阐述基本概念、重点梳理电力建筑企业特有涉税事项、涉税处理要点、涉税风险及注意事项。因此，本手册是一套融合政策性、专业性、操作性和指导性的税务管理实用手册。希望本手册能够为企业财务人员提供税务帮助，加深对电力建筑企业业务的了解，对各类税收政策的理解，对各项税收风险的的掌握，对各类税收优惠的应用，衷心希望本书对您的工作有较大的帮助。

  本书在编写过程中得到了相关单位的大力支持与帮助。在此，对各位专家的辛勤付出致以最诚挚的感谢！

《电力建筑企业税务指导手册》编写组
2021年3月